Eine Anleitung zum Lesen

Hinter Begriffen, die ich verwende, kann eine bloße Leere stehen. Diese Leere beschreibt auch Anthony de Mello: »Was sucht ihr? Fragt der Meister einen Gelehrten, der sich von ihm Beratung erhoffte. Leben, lautete die Antwort. Sagte der Meister: Wenn ihr leben wollt, müssen die Wörter sterben. Als er später gefragt wurde, was er damit meinte, sagte er: Ihr seid verraten und verkauft, weil ihr in einer Welt von Wörtern lebt. Ihr nährt euch von Wörtern, begnügt euch mit Wörtern und hättet doch Substanz nötig. Eine Speisekarte wird euren Hunger nicht stillen und eine Formel nicht euren Durst.«[1] Es ist dann, als würden mir die Worte nur aus dem Mund fallen, wie mechanische Notwendigkeiten. Ich will dies angelerntes Wissen – von nur angelernten Begriffen – nennen. Da diese nicht meinen eigenen Erfahrungen, meiner eigenen Forschung entspringen, werde ich gedacht. Das erkannte auch schon Montaigne: »Auswendigwissen ist kein Wissen; das heißt nur behalten, was man seinem Gedächtnis zum Aufbewahren gegeben hat.«[2] Die Begriffe denken dann in mir. Auch Begriffe wie »Arbeitszeit« oder »Arbeitsentgelt« bleiben nicht ohne Wirkung auf mich. Je mehr solcher Begriffe ich habe, je mehr versiegt mein eigenes Denken und was dann bleibt, ist nur noch eine Vorstellung davon, dass ich es bin, der denkt.

Ein Bild, für die hier gemeinte Verkümmerung des Denkens, ist jenes, einer Fischart, die als Salmler bezeichnet wird. Es findet sich bei Junker & Scherer: »In lichtlosen Höhlen wurden bleiche (pigmentlose), blinde Fische aus der Familie der Salmler gefunden. Äußerlich sind keine Augenteile zu erkennen. Im Kopfinneren befinden sich verkümmerte Augenanlagen.«[3] Und auch Oscar Hertwig schrieb, lange vor den beiden: »So finden sich verkümmerte Augen unter den Säugetieren beim Maulwurf und bei Blindmäusen.«[4]

Wenn ich daran glaube, dass das Denken im Gehirn erst entsteht, kann ich mit einem solchen Bild freilich nicht viel anfangen. Nur müsste ich dann, eine solche Annahme vorausgesetzt, auch annehmen, dass das Licht im Auge und der Ton im Ohr entstehen. Das aber widerspricht den erlebbaren Erfahrungen. Ein gutes Beispiel dafür sind eben die erwähnten Ausführungen von Junker & Scherer. Denn diese ergeben, wo kein Licht ist, da sind auch nur verkümmerte Augen. Betrachte ich die Welt nun aber so, dass ebenso wie das Licht oder der Ton, auch die Gedanken bereits in der Welt sind, dann kann auch erhellen, warum selbst kleinste Lebenswesen voller

---

1 Anthony de Mello: *Eine Minute Weisheit.* Herder, 2007 – S.106; **2** Montaigne: *Essais.* Insel Verlag, 2001 – S. 42; **3** Reinhard Junker & Siegfried Scherer: *Evolution – Eine kritische Betrachtung.* Weyel, 7. Auflage. 2013 – S. 60; **4** Oscar Hertwig: *Das Werden der Organismen.* Forgotten Books, 2015 – S. 207

Vernunft agieren. Jedenfalls dann, wenn ich das Erlebbare betrachte, das Erfahrbare und nicht das nur abstrakt Gedachte an die Stelle der Realität setze.

So liest sich bei Rudolf Steiner: »...derjenige, der sich drillt auf gewisse Begriffe, auch wenn sie nur Worthülsen sind, der glaubt zuletzt, bei diesen Worten auch wirklich etwas zu denken.«[5]

Auch Erich Fromm schrieb: »... dass der moderne Mensch sich aber in einer Lage befindet, wo vieles, was er denkt oder sagt, genau dasselbe ist, was auch alle anderen denken oder sagen; dass er sich nicht die Fähigkeit erworben hat, auf originelle Weise (das heißt selbständig) zu denken.«[6]

Was Fromm da beschreibt, hat seine Konsequenz in einem erlebbaren, einheitlichen Denkstrom. Ich will diesen Denkstrom die Idee eines materialistischen Menschenbildes nennen. Wenn nun aber alle dasselbe sagen, bestätigt sich diese Idee fortwährend selbst.

So schreibt Rudolf Steiner: »Ohne je eine Zeile von Kant gelesen [...] zu haben, sehen die meisten unserer Zeitgenossen das Weltgeschehen in seiner Art an.«[7] Dies gilt auch für Marx und seinen Mehrwertbegriff, mit dem Marx selbst erst den Menschen zur Ware macht.

Und Annie Besant schreibt sogar: »... wenn wir nichts auch mit tausend multiplizieren, so bleibt es doch immer nichts.«[8]

1. Die Idee – das Verbindende

Vor kurzem hat mir ein sehr nahe stehender Mensch gesagt, er wolle jetzt einmal Hitlers »Mein Kampf« lesen. Er hätte schon so oft gehört, dass Hitler auch geniale Ideen darin geäußert hat und wolle das nun überprüfen.
Wir Menschen verstehen uns aber nicht über Worte, sondern ausschließlich über die dahinter liegende Idee. Das bedeutet, es kommt weder auf die Worte an, noch auf die Argumente!
So kann der Zuruf »Halt!« sowohl bedeuten, dass ich etwas festhalten soll, als auch, dass ich stehenbleiben soll. Solange ich die Situation nicht kenne, die Idee des anderen nicht erfassen kann, könnte ich die Bedeutung des Wortes nur aus mir selbst schöpfen. Dies geschieht in der Tat sehr häufig. Wir nennen das unter anderem Missverständnisse. Tatsächlich aber habe ich nur meine eigenen Ideen in die Aussagen des anderen hineingedacht.
Das wird all jenen bekannt vorkommen, die schon einmal erlebt haben, dass ihre Aussagen ganz anders interpretiert und damit auch verstanden wurden, als es gemeint war. Es ist dann, als hätte mein Gegenüber etwas in meinen Text hineingeschrieben, um anschließend zu behaupten, ich wäre es gewesen. Umgekehrt gilt dies aber auch für den Fall, dass meine Idee erkannt wurde, obwohl ich es doch gerade vermeiden wollte.
Habe ich das einmal gegriffen, dann kann mir erhellen, dass jeder Satz, jedes gesetzte Wort, jedes Beispiel und jedes Bild, was mir ein anderer Mensch schenkt, nichts anderes sind, als kleine Puzzlesteine, als kleine Türen, in die Welt der Gedanken, in die Welt dieses einen Menschen und damit im Grunde auch immer in die Welt der Vernunft selbst.
Und wenn wir als Menschen davon sprechen, dass wir etwas auf den Punkt gebracht haben, dann meinen wir damit nur, dass es jemand geschafft hat, ein großes Tor zu öffnen.
Es kommt also nicht darauf an, ob die Argumente stimmen, die eine Schrift oder eine Aussage enthält, sondern einzig, ob ich hinter die Idee komme.
Eines der simpelsten Beispiele ist das Erkennen eines Betrügers. Er wird ja gerade die allerstimmigsten Argumente verwenden, die er überhaupt nur zu finden in der Lage ist.
So ist Hitlers Buch aus Schmerz und Hass ergossen, eine solche Herangehensweise kann auch nur wiederum zu Schmerz und Hass führen. Dies bedeutet aber nicht, dass alle seine Aussagen falsch sein müssen.

---

5 Rudolf Steiner: *Freiheit – Unsterblichkeit – Soziales Leben*. R. Steiner Verlag, 1990 – S. 302; **6** Erich Fromm: *Die Furcht vor der Freiheit*. dtv, 8. Auflage. 2000 – S. 81; **7** Rudolf Steiner: *Methodische Grundlagen der Anthroposophie*. R. Steiner Verlag, 1989 – S. 51; **8** Aus Rudolf Steiner: *Luzifer-Gnosis*. R. Steiner Verlag, 1960 – S. 140

Wenn – symbolisch gesprochen – Hitler das Fahrrad erfunden hätte, um schneller an sein Ziel zu kommen, dann kann ich sehr wohl dieses Fahrrad auch selbst nutzen, ohne ihm folgen zu müssen.

Dennoch käme es nicht darauf an, Hitler für die Erfindung des Fahrrades zu loben, sondern darauf, seine Idee zu verstehen.

Die Idee Hitlers, ganz ohne seinen Hass betrachtet, ist auch die Idee eines materialistischen Menschenbildes. Eines Bildes vom Kampf ums Dasein.

Wenn Charles Darwin schreibt: »Wir müssen uns daher mit den ohne Zweifel nachteiligen Folgen der Erhaltung und Vermehrung der Schwachen abfinden.«,⁹ so hat Adolf Hitler bei seinen Ideen nur noch das »abfinden« weggelassen, wenn er schreibt: »[Sonst] tritt an die Stelle des natürlichen Kampfes um das Dasein, der nur den Allerstärksten und Gesündesten am Leben lässt, die selbstverständliche Sucht, auch das Schwächlichste, ja Krankhafteste um jeden Preis zu retten, womit der Keim zu einer Nachkommenschaft gelegt wird, die immer jämmerlicher werden muss, je länger diese Verhöhnung der Natur und ihres Willens anhält.«¹⁰

Hitlers letzte Konsequenz Darwin gegenüber, lässt sich auch noch weiter verfolgen: »Es ist eine Halbheit, unheilbar kranken Menschen die dauernde Möglichkeit einer Verseuchung der übrigen gesunden zu gewähren.

Es entspricht dies einer Humanität, die, um einem nicht wehe zu tun, hundert andere zu Grunde gehen lässt. Die Forderung, dass defekten Menschen die Zeugung anderer ebenso defekter Nachkommen unmöglich gemacht wird, ist eine Forderung klarster Vernunft und bedeutet in ihrer planmäßigen Durchführung die humanste Tat der Menschheit.«¹¹

Man muss schon das Denken in einen einzigen Kopf verorten um zu verkennen, dass die Ideen Hitlers, und damit der Geschehnisse um ihn, nur der Kulminationspunkt des vorherrschenden Denkens ist.

So liest sich bei Ellen Key: »[...] ein Gedankengang, den einer der hervorragendsten Repräsentanten des Judentums, Disraeli, auch in den Worten ausgedrückt hat: Rasse ist alles, es gibt keine andere Wahrheit, und jede Rasse, die sorglos Blutvermischung zulässt, geht unter.«¹²

Ich muss also realisieren, dass das, was mir entgegentritt, nicht die Idee eines Einzelnen ist, sondern die Realisierung jenes Denkens.

Wenn Stefan Kühn postuliert: »Organisationen, die sich auf Foltern und Töten spezialisieren, funktionieren nicht grundsätzlich anders als

Das Wesen der Dinge hat die Angewohnheit, sich zu verbergen
Heraklit

Organisationen, die Kranke pflegen, für Eiscreme werben, Schüler unterrichten oder Autos bauen.«,[13] dann hat er den Zipfel dieses Phänomens bereits zum Greifen nah erfasst.
Wenn die einige Ideenwelt, einer vernunftdurchzogenen Welt, das Verbbindende ist, dann führt ein ihr nichtentsprechendes Denken – in seiner letzter Konsequenz – zu einem polaren Gegeneinander. Es ist dann im Grunde nichts anderes als die Nichtübereinstimmung meiner Begriffe mit der Realität.
In diesem Moment widerspricht also mein Denken jener alles umfassender Vernunft, einer Welt, dessen Teil ich bin. Ich widerspreche mir also immer auch selbst.
Da nun aber alles, was geschieht, nichts anderes ist, als die Manifestation von Gedanken, sind auch Kriege, ist Hitler, ja sind überhaupt alle menschlich-sozialen Konflikte sichtbar gewordene Manifestationen (Inkarnationen) ebendieser.
Und wie ich selbst erkranke, wenn ich nicht mir gemäß lebe, so in einem höheren Sinne der Weltenlauf selbst.
Wenn ich ein Haus baue, dann entsteht dieses Haus erst während des Bauens. Wenn es gelingen soll, dann müssen meine Handlungen der Logik dieses Baues entsprechen. Sonst misslingt es mir. Die Idee des Hauses ist meine eigene, nur ihr folge ich, aber ich kann dabei die Gesetzmäßigkeiten der Statik nicht außer Acht lassen. Dies ist die Weltenlogik.
Diese Welt entsteht im Moment meines Tuns als Neuschöpfung. Michael Ende hatte das wohl erkannt, wenn bei ihm zu lesen ist: »Alles, was geschieht, fragte sie, schreibst du auf. Alles, was ich aufschreibe geschieht, war die Antwort.«[14]
Auch Gut und Böse sind damit nichts anderes als Richtig und Falsch, im Sinne dieser Weltenlogik.
Oder, noch etwas deutlicher: alles was ich denke geschieht.
Nun ist aber, was ich denke, die Idee. Diese ist wie ein Keim, ein Weltenkeim.
Dazu findet sich, in Bezug auf Goethe, bei Steiner: »Ja, wenn man die Idee besitzt, ist man imstande, durch dieselbe gerade jene Fälle zu finden, in denen sie sich besonders ausgeprägt. Ohne dieselbe aber ist man dem Zufalle anheimgegeben.«[15]
Goethe selbst gibt diesem Zufall auch einen Namen. Er findet sich in seinem Gedicht vom Zauberlehrling: »Herr die Not ist groß! Die ich rief die Geister, werd ich nun nicht wieder los.«[16]
Es ist also gar nicht so bedeutungslos, was ich denke und äußere. Noch

---

9 Charles Darwin: *Die Abstammung des Menschen.* Fischer, 2009 – S. 167; **10** Adolf Hitler:Mein Kampf. Elite Minds Corp, 2010 – S. 131; **11** ebenda. – S. 242; **12** Ellen Key: *Das Jahrhundert des Kindes.* tredition – S.25; **13** Stefan Kühn: *Ganz normale Organisationen.* suhrkamp, 2014 – Klapptext; **14** Michael Ende: *Die unendliche Geschichte.* Thienemann, 2004 – S. 205; **15** Rudolf Steiner: *Einleitung zu Goethes Naturwissenschaftlichen Schriften.* R. Steiner Verlag, 1987 – S. 63; **16** Goethe: *Gedichte.* Beck, 1981 – S. 279

mehr, wenn es viele Menschen denken und äußern. Gefährlich aber wird es, wenn es viele äußern, ohne zu denken.
Ich kann mit den Aussagen von anderen Menschen immer mehrere Erfahrungen machen. Wo sie hinwollen, wo sie falsch abbiegen, wo sie geniale Entdeckungen gemacht haben, wo sie weggeschaut haben oder wo sie, die ihrem Ziel widersprechenden Wegweiser einfach umgedreht haben, damit sie wieder passen.
Daneben aber auch, wo sie gar nicht selber denken, wo sie gedacht werden, wo sie nur Pappschilder mit sich tragen. Wo sie also die Wegweiser, das so wertvolle Wissen, einfach mitgenommen haben. Damit sind sie nun aber selbst zu wandelnden Wegweisern geworden, die dann plötzlich für alle Richtungen Gültigkeit haben sollen.
Die Idee hinter dieser Schrift ist deshalb auch, solche »falschen« Wegweiser zu erkennen. Ein solcher Begriff (Wegweiser) ist auch der des »Arbeitsentgeltes«.

2. Arbeitsentgelt

Am Ende der ersten Ausgabe des Heftes »Vom Arbeitsort zum Lebensort« schrieb ich, dass Arbeitsorte Gefängnissen gleichen und die Täuschung darüber nur darin besteht, dass wir Lohn erhalten. Weiter führte ich aus: »Tatsächlich ist Arbeit nicht bezahlbar, das war einer der fundamentalen Irrtümer von Karl Marx.«[17]
Wenn ich einen Tischler beauftrage, mir einen Tisch zu fertigen, dann kaufe ich nicht seine Arbeit. Weder will ich das, noch könnte ich das überhaupt tun. Es ist schlichtweg unmöglich Arbeitskraft zu kaufen. Ich will den Tisch und nicht die Arbeit.
Und nur diesen bezahle ich auch. Würde ich die Arbeit selbst bezahlen wollen, so hätte ich nichts gewonnen. Es sollte auch erhellen, dass selbst wenn ich so denke, ich die Arbeit des Tischlers nicht für die Vergangenheit bezahlen kann, mit anderen Worten, ich kann seinen Hunger nicht rückwirkend stillen, sondern immer nur in die Zukunft gedacht.
Wenn ich dem Tischler den Tisch abkaufe, so ermögliche ich ihm damit, einen neuen Tisch zu schaffen. Den alten kann ich gar nicht bezahlen.
Gehe ich etwa bei Aldi, Pfennigpfeifer oder Mac Donald´s einkaufen, dann schaffe ich damit immer neue Filialen dieser Art. Ganze Landschaften von Einkaufstempeln.

Ich bezahle in Wirklichkeit nicht einmal den Tisch selbst, sondern die Möglichkeit des Schaffens neuer Kreationen, in diesem Fall die Kreation des Tischlers.
Das bedeutet: Geld zahle ich niemals für das Vergangene, für das Fertige, sondern immer für eine Fülle von Möglichkeiten. Arbeitsentgelt kann es also gar nicht geben.
Auch der sogenannte »Arbeitgeber« (als könnte mir jemand Arbeit geben) kauft am Ende doch nur mein Produkt ab. Manchmal nur deshalb, weil er mehr Nachfrage hat, als er selbst befriedigen kann. Oder, auf was ich noch in Bezug auf die Arbeitsteilung zurückkommen werde, weil er die Sache allein nicht bewältigen kann.

2.1. Sinnvolles Tun

Ein noch wesentlicherer Aspekt ist die Frage nach dem Sinn meines Tuns. Bei Steiner findet sich dazu: »Nur der Tätige und zwar der selbstlos Tätige, der mit seiner Tätigkeit keinen Lohn anstrebt, erfüllt seine Bestimmung. Es ist töricht, für seine Tätigkeit belohnt sein zu wollen; es gibt keinen wahren Lohn.«[18]
Wenn ich anders denke, komme ich zu Karl Marx: »Unter Arbeitskraft [...] verstehen wir den Inbegriff der körperlichen und geistigen Fähigkeiten [...]. Unter dieser Voraussetzung kann die Arbeitskraft als Ware nur auf dem Markt erscheinen, sofern und weil sie von ihrem eigenen Besitzer, der Person, deren Arbeitskraft sie ist, als Ware feilgeboten und verkauft wird.«[19]
Doch die Begriffe, die Marx gebildet hat, waren selbst schon angelernte. So schrieb Adam Smith, lange vor Marx: »Jenes Geld oder jene Güter ersparen uns in der Tat diese Arbeit. Sie enthalten den Wert einer bestimmten Quantität Arbeit, welche man gegen etwas vertauscht [...]. Die Arbeit war der erste Preis, das ursprüngliche Kaufgeld, welches für alle Dinge gezahlt wurde.«[20]
Genauso wie es Steiner in Bezug auf Kant beschreibt, denken auch heute noch Menschen im Sinne von Karl Marx, wenn sie den sehr geläufigen Ausdruck gebrauchen, dass man sich gut verkaufen muss.
Erkennbar ist das auch an den Bewerbungen, mit denen Menschen sich heute, lange nach Karl Marx, feilbieten. Ich muss die Schriften von Karl Marx nicht gelesen haben, ich muss nur einmal unhinterfragt übernommen haben, dass ich Ware bin. Eine exklusive natürlich, und wie ich mich exklusiv anbieten kann, lerne ich dann in für alle zugänglichen Bewerbungstrainings.

---

[17] Uwe Peter Görbing, Kathrin Schuster: *Vom Arbeitsort zum Lebensort. Selber denken lernen*, 2016 – S.25; [18] Rudolf Steiner: *Einleitung zu Goethes naturwissenschaftlichen Schriften*. R. Steiner Verlag, 1987 – S.128; [19] Karl Marx: *Das Kapital*. Voltmedia, Ungekürzte 2. Auflage, 1872 – S.148; [20] Adam Smith: *Reichtum der Nationen*. Voltmedia – S.33

Nicht darauf kommt es an, was ein Mensch irgendwann einmal gelernt, meistens überhaupt nur erfolgreich nachgeplappert hat, sondern allein darauf, was für ein Mensch er ist.

Ich glaube deshalb, dass diese Art der Feilbietung aufhören muss und dass wir uns wieder von Mensch zu Mensch begegnen und uns die Frage stellen sollten: Folgen wir einer gemeinsamen Idee oder suchen wir nach einem Arbeitsplatz?

Letzteres führt zu einer Selbstentfremdung, ersteres hat Steiner in die folgenden Worte gefasst: »Freies Schaffen aus der Weisheit heraus, geistiges Wirken als Tat, das ist es, was in uns als Impuls leben muss.«[21]

2.2. Die Idee und das Tun

Da hinter Worten Ideen stehen, ist der erste Schritt dorthin, die vorherrschenden Ideen als falsch zu erkennen.

So kritisiert Joseph A. Schumpeter, in Bezug auf Karl Marx: »In einer wichtigen Hinsicht ist der Marxismus eine Religion. Dem Gläubigen bietet er erstens ein System von letzten Zielen, die den Sinn des Lebens enthalten [...]; und zweitens [...] einen Erlösungsplan und mit der Aufdeckung des Übels von dem die Menschheit oder ein auserwählter Teil der Menschheit erlöst werden soll. [...] Glauben in jedem echten Sinn entschwand immer rascher aus allen Klassen der Gesellschaft, und damit erlosch in der Welt des Arbeiters der einzige Lichtstrahl. [...] Hier bedeutet nun für Millionen menschlicher Herzen die Marxsche Botschaft vom irdischen Paradies des Sozialismus einen neuen Lichtstrahl und einen neuen Sinn des Lebens.«[22]

Wie Schumpeter ordnet auch Benedetto Croce den Marxismus ein: »Karl Marx´ Originalität besteht nicht in seiner Philosophie, auch nicht in seiner Nationalökonomie, sondern im folgendem: er war der Schöpfer politischer Mythologien oder Mythen.«[23]

Für Schumpeter ist aber auch der Kapitalismus zweifelhaft, wenn er sich fragt: »Kann der Kapitalismus weiterleben? Nein, meines Erachtens nicht.«[24]

Doch statt sich von reinen Ideologien zu entfernen, schreibt er weiter: »Kann der Sozialismus funktionieren? Selbstverständlich kann er es.«[25]

Schumpeter kommt also, nachdem er diesen doch zu widerlegen suchte, wieder bei Marx raus. Das schafft er nur, weil er daran glaubt, man könne dem Menschen eine äußerliche Ordnung einfach aufzwingen und dann kämen bessere Menschen heraus.

Das Leben hat nur da einen Wert, wo es ein Würdiges zu seinem Zwecke hat.

Hegel

Für ein solches Denken käme es aber darauf an, alle Andersdenkenden auszumerzen. Ich kann mich des Gedankens nicht erwehren, dass es da schon einen Menschen gegeben hat, der das mit letzter Perfektion versucht hat: Hitler.

2.3. Schaffendes Denken
»Nicht die Wirklichkeit ist geistlos, sondern der Mensch, der den Geist nicht finden kann.«[26]
Also erst, wenn ich mich vergewissere, dass alles, was ich denke ist, die Realitäten erst erschafft, kann ich das, was ist, als eine materielle Inkarnation des Denkens verstehen lernen.
So schreibt Steiner weiter: »… dass sich zahllose geistige Fäden von Menschenseele zu Menschenseele ziehen. [Man] lernt erkennen, dass nicht nur äußerlich sichtbare Handlungen, sondern [auch] innerste Seelenregungen und [die] verborgensten Gedanken auf das Wohl und Wehe, auf die Freiheit oder Sklaverei [der] Mitmenschen wirken.«[27]
Wohl und Wehe, dazu gehört aber auch die von uns Menschen erschaffene Umgebung. Wohl und Wehe, dazu gehört auch das Denken in kriegerischen Auseinandersetzungen.
Ein Bild dafür ist auch die zunehmende, wenn auch kaum bemerkbare Vereinheitlichung des Geschmacks, der Mode, der Lebensmittel.
Ein Denken vom Geld aus. Billig muss es sein. Das schafft eine weltweite Vereinheitlichung des Geschmacks, der Mode, des Angebotes, der Architektur.
Mc Donald´s, Aldi, Lidl usw. sind wie viele andere, manchmal nicht einmal erkennbare Großkonzerne, überall dort zu finden, wo das Denken beherrscht wird, von dem Gedanken wie: billig, viel und gut.
Daneben schaffen sie aber nicht nur fehlende Mensch–zu–Mensch –Beziehungen, sondern reine Arbeitsplätze. Und während ich selbstverständlich gut entlohnt sein möchte, geht es mich dann plötzlich nichts mehr an, ob mein Billigeinkauf für die dort wirkenden Menschen auch zu einer solchen »guten« Entlohnung führt.
Was ich dabei vergesse: derjenige, dem ich zu wenig bezahle, wird auch nicht bereit sein, mir genug zu zahlen. Er wird freilich auch versuchen billig einzukaufen.
Damit das nicht auffällt, ich bitte den banalen Ausdruck zu verzeihen, ich kann keinen geeigneteren finden, verarschen wir uns gegenseitig.
Aber auch dies ist nur möglich, weil wir an Begriffe anstatt an die Idee dahinter glauben.

---

[21] Rudolf Steiner: *Inneres Wesen des Menschen das Leben zwischen Tod und neuer Geburt.* R. Steiner Verlag, 1978 – S. 142
[22] Joseph A. Schumpeter: *Kapitalismus, Sozialismus, Demokratie.* UTB, 8. Auflage, 2005 – S. 19; [23] Benedetto Croce: *Geschichte Europas im 19. Jahrhundert.* insel, 1993 – S. 129; [24] ebenda ▶22 – S. 105; [25] ebenda ▶22 – S. 267; [26] Rudolf Steiner: *Luzifer-Gnosis.* R. Steiner Verlag, 1960 – S. 170; [27] *ebenda.* – S. 170

3. Die Idee und das Geld

In der ersten Ausgabe dieser Reihe[28] habe ich dargelegt, dass das Geld dem Menschen folgen muss und nicht umgekehrt. Erst dann kann ich überhaupt von einem freien Menschen, von einem freien Tun beginnen zu sprechen. Geld ist dann nur der Seismograph meiner Bewegungen.
Wenn mein Leben sinnvoll sein soll, dann muss ich meiner eigenen Idee folgen und niemandem und nichts sonst. Das bedeutet, immer wenn ich vom Geld aus denke, folgt meine Idee dem Geld, verändert sich und kommt nicht in die Verwirklichung.
Sehr schön formuliert das Montaigne: »Wer einem anderen folgt, folgt niemand; er findet nichts, weil er eigentlich nichts sucht.«[29]
Das bedeutet nicht, wenn ich meiner eigenen Idee folge, dass ich mir keine Gedanken um die Verwirklichung mache und blind loslege, denn ein solches Vorgehen wäre ideenlos, sondern vielmehr, die Idee ist schon erkannt, sie wächst mit ihrer Umsetzung und diese Umsetzung kann auch zunächst nur eine denkerische, weitere Ausgestaltung sein. An dem Punkt aber, wo sie sich inkarniert, wo sie sichtbar in die Welt tritt, darf sie nur noch sich selbst folgen.
Ich werde, so ich bei ihrer Umsetzung bemerken sollte, dass ein Material, was ich zunächst gewählt habe, sich als unpassend erweist, nach einem geeigneteren suchen. Aber nicht das Material ist es, was mir vorgibt, nach etwas anderem zu suchen, sondern seine Ungeeignetheit in Bezug auf meine Idee.
Alle Erfindungen sind Ideen gegen das vorherrschende Denken, mindestens aber deren Erweiterungen.
»Was einmal gedacht wurde«, schreibt Friedrich Dürrenmatt: »kann nicht mehr zurückgenommen werden.«[30] Aber aufgehalten, verändert, abgeschwächt kann es werden. Dies muss mithin immer dann der Fall sein, wenn sich das Geld – selbst nur etwas Abstraktes, selbst nur eine Idee – an die Stelle der ursprünglichen Idee setzt.

4. Der Mensch, die agierende Idee selbst

Wenn ich mich, von wem oder was auch immer, vorab bestimmen lasse, so verändert und verhindert dies die volle Verwirklichung meiner Idee. Diese Idee bin ich in Bezug auf mich, also auch in Bezug auf den Sinn meines Daseins selbst.

Ich habe in der schon erwähnten ersten Ausgabe dieser Reihe von einem: »... freien, selbstbestimmten Menschen, dessen Tun in Freiheit einzig seinem Wesen entspricht«[31], geschrieben. Dennoch habe ich mich in diesem Heft zunächst nur darauf konzentriert, dass dasjenige, was die Menschen für ihr Tun benötigen, sie auch völlig ohne Vorgaben einkaufen können.

Nur in diesem Fall kann das, was sie dann anderen Menschen zu Verfügung stellen, ganz ihrer Idee entsprechen. Sie wird, wenn diese Idee zudem aus einem Verständnis des fremden Wollens heraus erwachsen ist, zu einer einigen Ideenwelt werden können.

Dabei verstehe ich unter Verständnis des fremden Wollens keine Handlungsanweisung oder etwa ein Rückgriff auf angelerntes Wissen, sondern ein reines, aus mir selbst erfahrbares Verstehen, der sich mir offenbarenden Wahrheit.

Es ist damit nichts anderes gemeint, als dass ich einen Wegweiser in einer mir fremden Gegend nicht ignorieren, sondern ihn vernünftigerweise in meinen weiteren Weg einbeziehen würde.

Was sich nun aber für die Ausgaben in einer Gemeinschaft wirkender Menschen (siehe Reihe 1 dieser Schriften) bewährt hat, muss in einem noch höheren Maße für den Menschen selbst gelten.

Die Abschaffung des Haushaltsplanes in den Kindergärten in Erfurt und Weimar und die Einführung eines freien, völlig selbstbestimmten und selbstverantwortlichen Umgangs mit Geld führt uns ja schon hin zu einem völlig anderen Verständnis, auch über das Gehalt.

Der schon vor zehn Jahren gegangene Schritt hin zu freien, selbstbestimmten Menschen hat zu einer Gesundung geführt, die allein aus der Entmachtung des Geldes als bestimmender Faktor resultierte.

Diese Gesundung will ich die Lösung aus der Umklammerung des Geldes nennen.

Um das zu verstehen, genügt es einfach Menschen zuzuhören, immer dann, wenn sie über Geld reden.

Bei den meisten Menschen ist das Geld dergestalt bestimmend, dass das Geld selbst zu der agierenden Idee wird.

Erkannt hat das auch Ricardo Semmler, wenn er über die brasilianische Firma Semco schreibt: »Unternehmenspolitik bei Semco besteht darin, keine Politik zu haben. [...] Bei Semco sollen unsere Leute so viel ausgeben, wie ihrer Meinung nach nötig ist. [...] Wir haben absolutes Vertrauen in unsere Mitarbeiter. Eigentlich sind wir ihre Partner.«[32]

Ricardo Semmler müsste jetzt nur noch die Begriffe »Mitarbeiter«,

---

[28] Uwe Peter Görbing, Kathrin Schuster: *Vom Arbeitsort zum Lebensort. Selber denken lernen*, 2016 – S. 25; [29] Montaigne: *Essais*. Insel Verlag, 2001 – S. 41; [30] Friedrich Dürrenmatt: *Die Physiker*. Diognes, 1985 – S. 85; [31] ebenda ▶28. – S. 13; [32] Ricardo Semmler: *Das Semco System*. Heyne, 3. Auflage, 1993 – S. 19

»eigentlich« und »Partner« weglassen und aus Arbeitsorten könnten Lebensorte werden, in denen sich Menschen begegnen und nicht Partner oder Mitarbeiter.

Mit anderen Worten, indem sich Ricardo Semmler solcher Begriffe bedient, verharrt er in dem zu Grunde liegenden Bild eines Rollendenkens unfreier Menschen.

5. Lebensorte

Ein Lebensort entsteht immer dann, wenn Menschen zusammenkommen, die sich in einer Idee miteinander verbinden.
Auch Rudolf Steiner schreibt: »Der Mensch […] er will mit seinen Mitmenschen nicht in dem zufälligen Nebeneinander leben, in das ihn die Natur gestellt hat, er sucht das Zusammenleben mit anderen nach Maßgabe seines vernünftigen Denkens zu regeln.«[33]
Heute müsste ich ergänzen: in das ihn die Agentur für Arbeit gestellt hat.
Dabei hat bereits Joseph A. Schumpeter in seiner Marxismus-Kritik darauf hingewiesen, dass das Soziale in seinem Grundsatz kein Gegeneinander von Klassen ist, sondern »… in erster Linie eine Beziehung der Zusammenarbeit.«[34]
Lebensorte können damit auch nicht geschaffen werden, sie können ausschließlich entstehen und sie unterliegen damit ebenso den Veränderungen eines ständigen Werdens.
In Bezug auf diese Veränderungen möchte ich, auszugsweise, ein Gedicht Goethes zitieren, welches das, was ich meine, vollumfänglich trifft:

Hielte diesen frühen Segen,
Ach, nur eine Stunde fest!
Aber vollen Blütenregen
Schüttelt schon der laue West.
Soll ich mich des Grünen freuen,
Dem ich Schatten erst verdankt?
Bald wird Sturm auch das zerstreuen,
Wenn es falb im Herbst geschwankt.
…
Ach, und in demselben Flusse
Schwimmst du nicht zum zweiten Mal.[35]

Nur dort also und jenem immerwährenden Wechsel unterzogen, wo meine Möglichkeiten, also meine Fähigkeiten, mit der Wirklichkeit übereinstimmen, ist meine Wahrheit. Diese Wahrheit will ich meine ureigene Idee selbst, oder, wer es immer noch materialistisch braucht, meine mir innewohnende Fähigkeit nennen.

So gedacht, könnte also auch ein Arbeitsort ein Lebensort sein. Er bräuchte dann aber diese Unterscheidung nicht mehr. Wenn ich sage, dass ich eine Kunstaustellung besuche, komme ich ja auch nicht auf die Idee, dies als etwas von meinem Menschsein Getrenntes oder Unfreies anzusehen.

Ebenso wenig komme ich auf die Idee, wenn ich zum Kochen in die Küche gehe, davon zu sprechen, dass ich jetzt auf Arbeit gehe.

Das erkannte auch Murray Bookchin: »Die in der kapitalistischen Wirtschaft [...] vorherrschende Abgrenzung zwischen Leben und Arbeit muss überwunden werden.«[36]

Doch Bookchin folgt einer polaren, und in diesem Sinne sozialistischen Vorstellung, hier noch dazu ganz im Sinne von Lenin, wenn er für die Schaffung »... eines neuen Menschen«, plädiert.[37]

Lenin meinte gar, »... dass die von der kapitalistischen Sklaverei [...] befreiten Menschen sich nach und nach gewöhnen werden, die elementaren, von alters her bekannten und seit Jahrtausenden in allen Vorschriften gepredigten Regeln des gesellschaftlichen Zusammenlebens einzuhalten.«[38]

Nicht den freien Menschen also suchte Lenin, sondern den aus Gewöhnung Handelnden. Wie dieser Gewohnheitsmensch dann aber plötzlich dazu kommt, die seit Jahrtausenden gepredigten Regeln nicht mehr zu überhören, lässt Lenin offen. Es ist dieser Fall auch nie eingetreten. Lenin braucht für seine Ideen also neue Menschen.

Dem stellt Rudolf Steiner entgegen: «Also unwirklichkeitsgemäß ist unser Programmdenken geworden. [...] im Grunde genommen aussichtslos, denn gesunde Zustände werden erst auftreten, wenn die Menschen gar nicht mehr da sind, die jetzt da sind ...«[39]

Wenn ich also einen Unterschied zwischen Arbeitsorten und Lebensorten oder Arbeitszeit und Freizeit mache, so muss der Ursprung dieser Unterscheidung dort liegen, wo ich mich unfrei sehe.

Genau an diesem Punkt trifft sich auch die Unterscheidung mit den Aussagen von Karl Marx und seinen Vorstellungen vom Menschen als Ware.

Im Grunde erkennt das auch Judith Schalansky: »Wusstest du, dass Wildbienen fleißiger als Honigbienen sind? [...] Was wollte er damit sagen?

---

33 Rudolf Steiner: *Methodische Grundlagen der Anthroposophie*. R. Steiner Verlag, 1989 – S. 99; **34** Joseph A. Schumpeter: *Kapitalismus, Sozialismus, Demokratie*. UTB, 8. Auflage, 2005 – S. 40; **35** Johann Wolfgang Goethe: *Gedichte*. C. H. Beck, 1981 – S. 247; **36** Murray Bookchin: *Die nächste Revolution*. Unrast, 2015 – S. 39; **37** *ebenda*. – S. 41; **38** Lenin: *Staat und Revolution*. Verlag das freie Buch, 2001 – S. 103; **39** Rudolf Steiner: *Wie wirkt man für den Impuls der Dreigliederung*. R. Steiner Verlag, 1986 – S. 128

[…] Obwohl: […] Was für eine zermürbende Anstrengung musste das sein. Ohne Funktion am Leben bleiben. Nutzloses Dasein. Auf Kosten anderer. Das gab es auch nur bei den Menschen.«[40]

Wenn ich mich nun aber als die agierende Idee selbst begreife, dann erhellt sich, dass der Sinn meines Lebens immer nur aus mir selbst entspringen kann.

Ich bin es, der Sinn stiftet. Damit ist jedes reine Befolgen, so auch jedes Befolgen einer vorgegebenen Arbeitsaufgabe zugleich auch sinnentleert. Es sei denn, ich folge, weil ich es will.

Es ist dies nichts anderes, als das, was schon Wilhelm von Humboldt erkannte: »Was nicht von dem Menschen selbst gewählt, worin er auch nur eingeschränkt und geleitet wird, das geht nicht in sein Wesen über, das bleibt ihm ewig fremd.«[41]

Dieses Fremde ist nun aber gar nichts anderes, als die Aufnahme einer mir wesensfremden Nahrung. Wie sie in diesem Fall meinen Leib erkranken lässt, so in dem anderen Fall meine Seele. Folgerichtig schreibt Jiddu Krishnamurti: »Der Begriff der Pflicht, der den Menschen gefangen hält, zerstört ihn.«[42]

Ganz anders Kant: »Pflicht! du erhabener großer Name, der du nichts beliebtes, was Einschmeichelung bei sich führt, in dir fassest, sondern Unterwerfung verlangst.«[43]

Dann aber handele ich nicht mehr aus Liebe zu der Sache, also aus mir selbst, sondern aus dem Gebot der Pflichterfüllung heraus.

Die Pflicht stellt sich also an die Stelle der Liebe und mithin auch an die Stelle meiner selbst.

5.1. Egoismus und Lebensorte

Dennoch bleibt die Frage offen: reicht das, mein ureigenes Tun? Bedeutet das nicht einem puren Egoismus folgen?

Diese Frage kann sich nur auflösen, wenn ich mir die Frage stelle: bin ich denn tatsächlich losgelöst von der Welt?

So äußert sich Steiner zum Egoismus: »Wie oft ist gerade in der neuesten Zeit wiederholt worden, der Mensch müsse alles hinopfern um der Gemeinsamkeit willen. Ja, meine lieben Freunde, wenn das praktisch durchgeführt würde, was zunächst scheinbar recht schön klingt, der Mensch müsse alles hinopfern um der Gemeinsamkeit willen, so würde es allmählich zur allerstärksten Verkümmerung des Gemeinschaftslebens führen. Denn nichts begründet das Gemeinschaftsleben besser, als wenn innerhalb dieses Gemeinschaftslebens die einzelnen menschlichen

Individualitäten im vollsten Sinn des Wortes allseitig sich entwickeln können. Diejenigen, die das Gegenteil meinen, berücksichtigen gewöhnlich die Hauptsache nicht. [...] Der Egoismus wird vom Menschen eigentlich von außen erzeugt, nicht von innen. Der Egoismus wird vielfach gerade durch das Gemeinschaftsleben erzeugt.«[44]
Es gibt also zwei Arten von Gemeinschaft: Eine, die mein Sein fördert, diese allein will ich Lebensorte nennen und eine, die es behindert.
Wenn ich mir zudem noch klar mache, dass all mein Tun in einem Weltzusammenhang steht, dann wird die ganze Welt zu meinem Lebensort.
Dieses Verbundensein fühlen im Grunde all jene, die sich für die Welt und die gesamte Menschheit bemühen. Aus einem materialistischen Lebensentwurf kann ein solches Empfinden nicht entspringen.
Wenn Menschen sogar bereit sind für ihre Ideen zu sterben, dann müssen sie mindestens ahnen, dass etwas nicht mit dem Tod zu Ende ist. Das ist die Idee. Sie ist zugleich das geistig Bleibende.
Nun könnte ich auch den Gedanken zulassen, dass die ganze Welt, ja der ganze Kosmos, eine solche Idee ist. Dann kann der Mensch, als freies Geschöpf, diese Idee weiterentwickeln oder ihr zuwiderhandeln. Oder mit Steiner, »... dass die Ideenwelt, die in mir tätig ist, keine andere ist, als die in meinen Mitmenschen.«[45]
Rudolf Steiner formulierte deshalb die daraus folgende Grundmaxime des freien Menschen wie folgt: »Leben in der Liebe zum Handeln und Lebenlassen im Verständnisse des fremden Wollens ist die Grundmaxime des freien Menschen.«[46]
Das bedeutet nicht, dass ich Kompromisse schließe. Es bedeutet auch nicht, dass es meine Handlung bestimmt, sondern nur, dass ich dieses Verständnis, dieses Wissen in meine Handlungen einbeziehe.
Wenn ich weiß, dass Glas zerbrechlich ist, werde ich anders damit umgehen, als wenn ich es nicht weiß. Aber das bedeutet nicht, dass ich mich von dieser Zerbrechlichkeit bestimmen lasse, ich könnte sie sogar bewusst herbeiführen. Zum Beispiel an einem Polterabend.
Es ist im Grunde auch die Idee von Goethes Urpflanze. So schreibt Steiner: »Da sah Goethe alle äußeren Merkmale der Pflanze, alles was an ihr dem Augenscheine angehört, unbeständig, wechselnd. Er zieht daraus den Schluss, dass also in diesen Eigenschaften das Wesen der Pflanze nicht liege, sondern tiefer gesucht werden müsse. Von ähnlichen Beobachtungen, wie hier Goethe, ging auch Darwin aus, als er seine Zweifel über die Konstanz der äußeren Gattungs- und Artformen zur Geltung brachte. Die Resultate aber, welche von den beiden gezogen werden,

---

[40] Judith Schalansky: *Der Hals der Giraffe*. Suhrkamp 2011 – S. 79; [41] Wilhelm von Humboldt: *Ideen zu einem Versuch die Grenzen der Wirksamkeit des Staates zu bestimmen*. reclam, 1967 – S. 37; [42] Jiddu Krishnamurti: *Einbruch in die Freiheit*. Lotos, 29. Auflage, 2006 – S. 81; [43] Immanuel Kant: *Kritik der praktischen Vernunft*. meiner, 2003 – S. 117; [44] Rudolf Steiner: *Wie wirkt man für den Impuls der Dreigliederung*. R. Steiner Verlag, 1986 – S. 112; [45] Rudolf Steiner: *Die Philosophie der Freiheit*. R. Steiner Verlag, 1973 – S. 165; [46] ebenda. – S. 166

sind durchaus verschieden. Während Darwin in jenen Eigenschaften das Wesen des Organismus in der Tat für erschöpft hält und aus der Veränderlichkeit den Schluss zieht: Also gibt es nichts Konstantes im Leben der Pflanzen, geht Goethe tiefer und zieht den Schluss: Wenn jene Eigenschaften nicht konstant sind, so muss das Konstante in einem anderen, welches jenen veränderlichen Äußerlichkeiten zugrunde liegt, gesucht werden.«[47]

5.2. Lebensorte als separate Lebensgemeinschaften

Wenn Menschen einmal erkannt haben, dass die bisherige Form des Zusammenlebens nicht befriedigen kann, dann neigen sie dazu, kleine Kolonien zu schaffen, die sich dann aus ausgewählten, also besseren Menschen zusammensetzen.

Man glaubt, wenn man nur mit einer ausgewählten Menge von Menschen ganz neu beginnt, dass dies schon ausreichen würde.

Doch solche separierten Gemeinschaften müssen sich nun vor den Ausgeschlossenen entweder schützen oder sich eben gerade auf jene verlassen, die sie durch ihren Ausschluss ja eigentlich gar nicht einbeziehen wollten. Denn mindestens müssen sie ja darauf hoffen, dass ihr Tun akzeptiert wird.

Genau genommen folgen sie aber dem gleichen alten Denken, jenem Denken, welches ja überhaupt erst zu jenen Missständen geführt hat, denen sie zu entkommen glauben.

Es ist auch die Idee Lenins, von neuen Menschen: »... bis ein in neuen, freien Gesellschaftszuständen herangewachsenes Geschlecht imstande sein wird, den ganzen Staatsplunder von sich abzutun.«[48]

Was Lenin aber gar nicht beikam: erst die neuen Menschen werden, nach ihm, im Stande sein, den ganzen Staatsplunder von sich abzutun. Diese aber können, so ja Lenin selbst, erst in freien Gesellschaftszuständen heranwachsen. Eine Unmöglichkeit in sich also.

Wie er diese, damit allerdings nie erreichbaren Zustände erreichen will, liefert er gleich mit: »Rechnungsprüfung und Kontrolle – das ist das Wichtigste, was zum »Ingangsetzen«, zum Funktionieren der kommunistischen Gesellschaft in ihrer ersten Phase erforderlich ist.«[49]

Vortrefflich ist Lenins Welt repräsentiert in Orwells Überwachungsstaat, in seinem Roman »1984«. Es betrifft im Grunde alle Orte, die genaugenommen kleinen Staaten gleichen. Was ihnen allen gemeinsam ist, sie setzen ein Konzept über den Menschen.

Damit müssen sich nun aber die Menschen dem Konzept anpassen und nicht umgekehrt. »Schöne neue Welt!«[51] Steiner bezeichnet solche Orte als Kolonien und führt treffend dazu aus: »… nicht um die Begründung einzelner Kolonien von ein paar Leuten, die auf ihre Art sich es wohlergehen lassen wollen und irgendwo in einer Gebirgsgegend vegetarisch essen und ähnliche Allotria weiter treiben, handelt es sich, sondern die Zeichen der Zeit zu verstehen.«[52]

Ein Beispiel ist die in Weimar herausgekommene Idee eines Wohnprojektes, welches sich Ro70 nennt. Bereits in der Namenswahl ist das vorherrschende materialistische Denken erkennbar. Ein abstraktes Wortgebilde, welches ein Verstehen aus sich heraus gar nicht zulässt, dafür aber schön bequem, kurz und cool daherkommt.

Diesem Denken folgend, müssen dann eben auch Menschen verwaltet werden, was sich in der folgenden Aussage widerspiegelt: »[…] welche demokratisch von Menschen aller Altersgruppen verwaltet wird.«[53]

Das bedeutet, nicht die agierende Idee selbst ist das Bestimmende, sondern die abstimmende Masse. So organisiert sich diese Gemeinschaft schließlich über eine Genossenschaft und stolz hervorgehoben werden die ihr zu Grunde liegenden drei Gremien: Mitgliederversammlung, Vorstand und Aufsichtsrat. Hinzu treten dann noch unzählige Arbeitsgruppen.

Wenn ich solchen Gremien ein einziges bescheinigen wollen würde, dann wäre es ihr Versagen. Offensichtlich haben dies auch die Gründer selbst schon erkannt und vorsorglich eine Mediationsstelle geschaffen. Wohlgemerkt aus dem Hintergrund der Konflikterfahrungen aus anderen ähnlichen Projekten.

Liebe kann sich erst richtig entfalten, wenn sie von Weisheit durchdrungen ist.
Steiner

6. Die Idee – das Konstante

Die Idee selbst als das Konstante zu begreifen heißt nicht, dass die Idee selbst unveränderlich ist, sondern nur, dass sie die einzige Konstante in einem freien Miteinander sein kann.

Die Idee ist der eigentliche Sinn des Tuns und damit des Zusammenseins. Sie kann nicht durch Worte gefunden werden. Worte können uns nur zu ihr hinführen.

Wenn zwei oder mehrere Menschen etwas zusammen tun, dann folgen sie der sie einigenden Idee. Irritationen sind damit ein nicht mehr er-

---

47 Rudolf Steiner: *Einleitung zu Goethes naturwissenschaftlichen Schriften*. R. Steiner Verlag, 1987 – S. 29; **48** Lenin: *Staat und Revolution*. Das freie Buch, 3. Auflage, 2016 – S. 92; **49** *ebenda*. – S. 116; **50** Georg Orwell: *1984*. Heyne, 6. Auflage, 2002; **51** Aldous Huxley: *Schöne neue Welt*. Fischer, 67. Auflage 2011; **52** Rudolf Steiner: *Freiheit – Unsterblichkeit – Soziales Leben*. R. Steiner Verlag, 1990 – S. 178; **53** ro70.kreativ-etage.de/Wohnprojekt_Ro70_eG_Infomappe_Web_April2016.pdf, Zugriff 2016-06-23

kennbar sein der Verfolgung dieser Idee. Dies kann sowohl in Bezug auf die gewählten Worte, als auch in Bezug auf das Tun selbst sein.
Da in Bezug auf den Sinn des Zusammenwirkens die Idee das Konstante ist, führen nicht geklärte Irritationen zu einer Unmöglichkeit der Verwirklichung der ursprünglichen Idee.
Dann zerstäubt sich die Idee in Kompromisse und Zusammenhaltsparolen. Da dies aber nicht trägt, kommt es in der Folge zu Unmut, Missgunst, Streit, Überforderung, heute auch Burnout oder Depression genannt.
Sie entspringen allesamt nicht einem mangelhaften Gemeinschaftssinn, sondern allein dem Mangel an der gemeinsamen Idee.
Damit muss nun aber jeder Versuch, eine mithin nur erklärte, nur noch als Begriff vorhandene Gemeinschaft, durch Symptombekämpfung zu retten oder wiederherzustellen, scheitern.
Beispiele solcher Versuche sind eine Betonung der Kommunikation, also ein Denken in: wir sind im Gespräch oder im Prozess, oder: wir müssen nur besser kommunizieren. Aus einem solchen Denken entspringen schließlich auch alle Methoden über ein gelingendes Miteinander. Nur eine davon ist die »gewaltfreie Kommunikation«.
Doch, wenn ich nach Berlin und der andere nach Rom will, was genau sollten wir dann noch in Bezug auf diese Tatsache besprechen?
Da wir jedoch fast ausschließlich materialistisch denken, bemerken wir die zunehmende Entfernung und damit Entfremdung zunächst nur gedanklich auseinanderklaffender Richtungen nicht.
Und da wir die Störungen nun gar noch methodisch aufzuheben suchen, setzt sich an die Stelle unserer eigentlichen Ziele eben der schon erwähnte Kompromiss.
Damit wird nun aber die nötige Auseinandersetzung um die nicht mehr vorhandene oder verlorengegangene Idee selbst zu einer Störung.
Das liest sich bei Steiner dann so: »Wenn wir [...] wirklich aus der Idee schöpfen und keinen äußeren (physischen oder geistigen) Antrieben folgen, so können wir uns nur in dem gleichen Streben, in denselben Intensionen begegnen. Ein sittliches Missverstehen, ein Aufeinanderprallen ist bei sittlich freien Menschen ausgeschlossen.«[54]
So sehr ich mich also auch bisher schon angestrengt habe, die vermeintlich gemeinsame Idee zu verwirklichen, was aber durch die unterschiedenen Richtungen nicht gelingen kann, tritt nun noch jene Anstrengung hinzu, die der Aufrechterhaltung der Harmonie, einer gewaltfreien Kommunikation, des Ausredenlassens oder, was sich Menschen auch sonst noch haben einfallen lassen um zusammenzuhalten,

was doch gar nicht zusammen gehört. Wie sich erhellt, führt die letztere Anstrengung zu einem völligen Verlust der Idee.

Am Ende tritt der Kompromiss in dem Kleid einer scheinbaren Vereinigung der verlorengegangen Idee und der damit auch verlorengegangenen Gemeinschaft gar noch als Retter auf.

Zusammengefasst beschreibt dies auch Karl Benien: »Wer Konflikte immer unter den Teppich kehrt, muss sich jedoch nicht wundern, wenn er laufend stolpert.«[55]

Was nun die Idee von dem erwähnten »Projekt« (als könnten Menschen sich in Projekten verorten lassen) Ro70 betrifft, so ist diese erstens vom Geld aus gedacht – also günstiges Wohnen in Gemeinschaft – (allerdings nur durch die Opferung des Gedankens, die Menschheit als eine zusammengehörende Gemeinschaft zu sehen), zweitens, dass man Gemeinschaft schaffen kann und drittens, dass, falls das scheitert, Mediation verlorengegangene Liebe zu kitten fähig wäre.

6.1. Das Festhalten am Arbeitsplatz

Fatal wird es immer auch dann, wenn Menschen, obwohl erkennbar am falschen Ort, dennoch an diesem Ort verharren. Dies muss immer dann geschehen, wenn Menschen Arbeitszeit und Freizeit trennen. Ebenso sehr, wenn sie sich vom Geld aus denken.

Hierher gehört auch die von Eberhardt Stahl beschriebene Gruppendynamik. Vorausgesetzt ich erkenne, dass eine solche Dynamik selbst schon ein Denkfehler ist, weil die Grundlage gar keine Dynamik ist, sondern ein unfreies Denken. Dies unterlegt, ist Stahl genial, so wenn er schreibt: »Darf das Ziel [...] aber nicht offen ausgesprochen werden, [...]. Dann muss das angestrebte Ziel verfolgt werden, ohne benannt werden zu können. Man führt zwangsläufig eine Scheindebatte.«[56]

So gilt dann auch, solange ich Arbeitsplätze zu vergeben habe, reduziere ich zugleich die verbindende Idee in ihrer Grundlage auf eben jene.

Die Folge davon sind Motivationen aller Art, so auch Leistungsprämien, aber auch Methoden, die im Grunde nur verdecken sollen, dass sich nicht Menschen begegnen, sondern Kollegen. Dies erfordert dann ein »sich gegenseitiges Respekt einfordern«, wo immer dies misslingt.

Wohl gerade deshalb sagt Steiner: »Es handelt sich darum, dass der Mensch finde den ganzen Menschen, um im sozial-sittlichen Leben in entsprechender Weise zu wirken ...«.[57] Stattdessen leben wir in reinen Illusionen, also über den Menschen gestellten Konzepten, statt in einem lebendigen Austausch.

---

[54] Rudolf Steiner: *Die Philosophie der Freiheit*. R. Steiner Verlag, 1973 – S. 166; [55] Karl Benien: *Schwierige Gespräche führen*. rowohlt, 2. Auflage, 2004 – S. 100; [56] Eberhard Stahl: *Dynamik in Gruppen*. Beltz, 2002 – S. 32; [57] Rudolf Steiner: *Freiheit- Unsterblichkeit – Soziales Leben*. R. Steiner Verlag, 1990 – S. 273

Rudolf Steiner beschreibt das mit den Worten: »Die heutige Menschheit ist aber hineingelullt in alles das, was man nennen könnte die Illusion des Lebens, und sie möchten nicht Abschied nehmen von diesen Illusionen des Lebens.«[58]

Doch dieses Festhalten begleiche ich mit dem Verlust meiner Idee. Oder, um es mit Hans-Helmut Decker-Voigt zu sagen: »... aus ungebrochener Anhänglichkeit und Abhängigkeit heraus hat noch keiner sein Profil gefunden.«[59]

6.2. Stellenausschreibungen

»Realitäten entstehen nicht dadurch, dass man Mitglieder aufnimmt. [...] Realitäten entstehen überhaupt niemals durch das, was man schreibt oder druckt, sondern Realitäten entstehen durch dasjenige, was lebt.«[60] Diese Ausführungen von Rudolf Steiner nicht nur punktuell betrachtet, sondern als ein Phänomen des sozialen Miteinanders verstanden, müssten dann auch dazu führen, dass sich Menschen mit den gleichen Ideen anziehen.

Und hier trifft erneut der Satz von Pablo Picasso zu: »Ich suche nicht, ich finde.«[61] Damit werden nun aber auch Stellenausschreibungen zu einem Betteln um die Idee. Sie müssen notwendig werden, wenn die Idee nur noch zur Alternative verkommen ist, oder Menschen nach einem Arbeitsplatz suchen oder beides.

Das ändert sich auch nicht, wenn meine Idee niemand versteht und mir deshalb niemand folgt, ich könnte sie, so mit einer Ausschreibung, nur verlieren.

In Bezug auf die Anthroposophie findet sich bei Steiner sogar: »Man kann sagen: Der Fanatiker wirbt um Anhänger, der Träger übersinnlicher Erkenntnisse wartet ganz ruhig, bis sie von selbst kommen.«[62]

6.3. Bewerbungen

Wir müssen nicht für uns werben. Ich bin dieser Mensch, mit diesen mir innewohnenden Fähigkeiten. Diese Fähigkeiten haben kein Gestern, sondern nur ein Werden. Ich könnte auch fragen: Führt der Weg dieses Werdens uns zusammen? Haben wir eine gemeinsame Idee?

Ich könnte diese Idee auch als Echtheit bezeichnen. Über diese Echtheit schreibt Anthony de Mello: »Der Meister ließ sich nie von Diplomen und Examen beeindrucken. Er prüfte bei Menschen nicht das Zeugnis. Man hörte ihn einmal sagen: Wenn ihr Ohren habt, einen Vogel singen zu hören, braucht ihr seine Referenzen nicht anzusehen.«[63]

7. Die Idee des Kapitalismus

Grundsätzlich teile ich nicht die Ansichten von Joseph A. Schumpeter, aber erstaunlich ist, dass er, nachdem er den Marxismus brillant widerlegt hat (obwohl er ja schon vom Leben selbst widerlegt wurde), dennoch in Bezug auf den Kapitalismus schreibt: »Kann der Kapitalismus weiterleben? Nein, meines Erachtens nicht.«[64]

Der Grund ist: In einer nur materialistisch gedachten Welt verlagert sich die Idee meines Handelns auf einen in mich selbst zurückgezogenen Egoismus.

Es ist die Idee einer Banalität, die nur darauf abzielt, genügend Käufer zu finden, die das, was ich in die Welt stelle, kaufen und mich damit reich machen, mindestens aber für ein gutes Auskommen sorgen sollen.

Ob ich das Leergut grölender Fußballfans sammle und damit reich werde oder tatsächlich etwas Geniales in die Welt stelle, darauf kommt es offensichtlich nicht an.

Auch in der Sendung »Wer wird Millionär«, kommt es nicht darauf an, ob ich tatsächlich etwas durchdrungen, also innerlich verstanden habe, sondern nur, ob ich die richtige Antwort finde. Nichts als Papageienwissen muss ich also wiedergeben. Von einigen auch als Allgemeinwissen bezeichnet.

Damit wird nun aber mein Beitrag, den ich für die Gesamtheit aller Menschen leiste unwesentlich. Was erkennbar lebt, sind dann Menschen, die für Geld leisten und nicht mehr für Menschen.

Und ebenso, wie sich das Geld als gleich-gültiges Lockmittel an die Stelle der Menschen stellt, geht einher ein für alle gleich-gültiges Wissen.

Ein solches widerspricht aber per se einer sich ständig verändernden Umwelt, also auch mir selbst. Deshalb muss, wie ich erwähnte, auch ein rein begriffliches Denken sich mehr und mehr von der erlebbaren Wirklichkeit entfernen.

Dies ist immer dann der Fall, wenn zu dem, was ist, etwas hinzugedacht wird. Steiner beschreibt dies wie folgt: »Die Ursachen, welche die Physiker und Chemiker zu den Erscheinungen hinzudenken, sind aber nichts anderes als Gedankenbilder.

Denn bewegte Atome, Molekularkräfte usw. sind Vorstellungen, welche aus der gewöhnlichen Sinnenwelt entlehnt und in eine nicht sinnlich wahrnehmbare Welt hineingedichtet werden.«[65] Ein solches Hineindichten findet sich auch beim Darwinismus.

---

58 Rudolf Steiner: *Geisteswissenschaftliche Behandlung sozialer und pädagogischer Fragen.* R. Steiner Verlag, 1991 – S. 316; **59** Hans-Helmut Decker-Voigt: *Aus der Seele gespielt.* Mosaik, 2000 – S. 148; **60** Rudolf Steiner: *Lebendiges Naturerkennen.* R. Steiner Verlag, 1966 – S. 126; **61** Pablo Picasso: *Über die Kunst.* Diogenes, 2014 – S. 7 **62** Rudolf Steiner: *Luzifer-Gnosis.* R. Steiner Verlag, 1960 – S. 284; **63** Anthony de Mello: *Eine Minute Weisheit.* Herder, 2007 – S. 54; **64** Joseph A. Schumpeter: *Kapitalismus, Sozialismus und Demokratie.* UTB, 8. Auflage 2005 – S. 105; **65** Rudolf Steiner: *Luzifer-Gnosis.* R. Steiner Verlag, 1960 – S. 383

7.1. Der Darwinismus als Materialismus

Schon vor etwa 100 Jahren wies Steiner darauf hin, »... dass die naturwissenschaftlichen Entdeckungen an sich nicht notwendig und unter allen Umständen zum Materialismus hinführen mussten; sondern nur, weil viele Träger des Geisteslebens in dieser Zeit materialistisch gesinnt waren, wurden diese Entdeckungen materialistisch gedeutet.«[66]

Sie schreibt Darwin selbst noch: »Ich halte dafür, dass alle Lebewesen, die je auf der Erde gewesen sind, von einer Urform abstammen, welcher das Leben vom Schöpfer eingehaucht wurde.«[67]

Ganz anders das vorherrschende Denken, was davon ausgeht, dass es ein letztes »Gottesteilchen« geben müsse, welches nur noch gefunden werden muss, um die Entstehung des Lebens zu erklären. Die letzte Inkarnation eines solchen Denkens ist der Teilchenbeschleuniger in Cern. Dabei weist schon Rudolf Steiner darauf hin: »Nun haben die Forderungen und Überlegungen der letzten Zeit zwar gar keine so festen Stützen für diesen Glauben geliefert, vielmehr alles Mögliche zu seiner Erschütterung beigetragen; es lebt aber doch in immer weiteren Kreisen fort und ist ein schweres Hindernis für jede andere Überzeugung.«[68]

Wolf-Ekkehard Lönnig schreibt etwa 100 Jahre später entgegen den Argumenten des Darwinismus: »Das genaue Gegenteil ist der Fall: Mit zunehmenden Detailwissen haben sich die Schwierigkeiten für die Selektions- und Evolutionstheorie immer weiter akkumuliert, aber auch die wissenschaftlich-mathematischen Argumente für einen intelligenten Ursprung der Lebensformen.«[69]

Auf ein ähnliches Ergebnis kommt auch Evelyn Keller, »... dass auch die Annahme, der DNA sei ein Programm eingeschrieben, neu überdacht werden muss.«[70]

Forschende Wissenschaftler, wie Keller und Lönnig und wie wir noch sehen werden auch Reinhard Junker, Siegfried Scherer und Ernst Michael Kranich, kommen also gar nicht mehr umhin, den Materialismus in den Naturwissenschaften als im Grunde widerlegt zu beschreiben, mindestens aber erheblich in Frage zu stellen.

Ein solches Festhalten an einer in sich zusammenfallenden Theorie kann nur möglich werden, wenn viele Menschen rein abstrakte Begriffe an die Stelle ihrer eigenen Erfahrung setzen.

Auch Konrad Lorenz schreibt in Bezug auf die öffentliche Meinung von »... einer Uniformierung der Anschauungen.«[71]

Statt selbst zu denken, setzen sich abstrakte, unüberprüfte Begriffe fest, die dann zu allgemeinen Wahrheiten erklärt werden.

Die Gewohnheit ist ein gegensatzloses Tun.
Hegel

Brutstätte eines solchen Nichtdenkens sind unsere Schulen. Dabei käme es doch so sehr darauf an, die vorhandenen Widerstände, gegen ein solches Einheitsdenken, als dann notwendig in Einzelpersönlichkeiten erscheinend, ernst zu nehmen. Wenngleich Peter Wyssling diese als Urheber beschreibt, was so einfach nicht stimmt, denn niemand kann Urheber sein, es sein denn er wäre ohne Einfluss, ahnt er mindestens diesen Zusammenhang, wenn er schreibt, dass: „… erwiesenermaßen immer ein Einzelmensch der Urheber von Denk- und somit Wissenschaftsvorgängen ist."[72]

Ganz anders Steiner, wenn er ausführt: „Wer könnte glauben, dass er die Sache wiedergibt, wenn er Luther die Ursache der Reformation nennt."[73]

Und auch in Bezug auf das Geld gilt: was mich vermeintlich reich macht, ist nur eine dem Geld zugeschriebene Anweisung auf Erfüllung meiner Wünsche. In Wahrheit ist diese Anweisung aber abhängig davon, dass all die anderen Menschen sie auch erfüllen.

Nicht ich bin es also, der wirklich Macht über die anderen erlangt, sondern die Vorstellungen der Menschen über das Geld selbst. Ändert sich diese, wird alles Erlangte hinfällig. Das Geld erweist sich dann als das, was es eigentlich ist: als reine Vorstellung.

Letztlich erhält sich diese Vorstellung nur deshalb, weil Menschen auf das Geld selbst vertrauen. Damit vertraue ich nun aber etwas Unnahbarem, einer abstrakten, gleichgültigen Zahl.

Das lässt sich schon daran erkennen, dass wir an sogenannte geldpolitische Instrumente glauben und von Inflation oder Deflation sprechen. All das zeigt deutlich, dass nicht mehr der Mensch selbstbestimmt auftritt, sondern, dass alle Bestimmung dem Geld als einer unbestimmt wirkenden Macht zugeschrieben wird.

Wenn ich dem Geld nun aber eine solche Macht zuschreibe, dann werde ich diese Macht auch besitzen wollen und das Konzept des Egoismus scheint aufzugehen.

Erfolg definiert sich dann über Geld. Das hat auch Murray Bookchin kritisiert, wenn er schreibt: »Zeitungsstände und Buchhandlungen sind voller Literatur, welche die Lebensführung, Karriere, persönliche Liebesaffären und Vermögen der Neureichen feiert, die als Vorbilder für Leistung und Erfolg verehrt werden.«[74]

Diese bestimmende »Funktion« des Geldes, welches nun an der Stelle der Menschen agiert, gilt auch für Wohnprojekte, Nationen, Parteien oder was auch immer. Wenn ich Hitler nicht als Monster, sondern als

---

66 ebenda. – S. 227; **67** ebenda. – S. 228; **68** ebenda. – S. 79; **69** Wolf-Ekkehard Lönnig: *Was die Selektion nicht leisten kann.* MV-Wissenschaft, 3. Auflage, 2012 – S. 9; **70** Evelyn Fox Keller: *Das Jahrhundert des Gens.* campus, 2001 – S. 187; **71** Konrad Lorenz: *Die acht Todsünden der zivilisierten Menschheit.* Piper, 29. Auflage, 2002 – S. 108; **72** Peter Wyssling: *Rudolf Steiners Kampf gegen die motorischen Nerven.* LGC, 2013 – S. 28; **73** Rudolf Steiner: *Grundlinien einer Erkenntnistheorie der Goetheschen Weltanschauung.* R. Steiner Verlag, 1979 – S. 128; **74** Murray Bookchin: *Die nächste Revolution.* Unrast 2015 – S. 191

Mensch unter Menschen begreife, was er allein war, dann können auch seine Gedanken nützlich werden, so, als hätte er eben das Fahrrad erfunden: »Das Parlament fasst irgendeinen Beschluss, dessen Folgen noch so verheerend sein mögen – niemand trägt dafür eine Verantwortung [...]. Kann denn überhaupt eine schwankende Mehrheit von Menschen jemals verantwortlich gemacht werden? Ist denn nicht der Gedanke jeder Verantwortlichkeit an die Person gebunden?«[75]

Hitlers Irr-Sinn war, dass er an die Stelle der Verantwortung eines jeden einzelnen Menschen die Rolle eines Führers setzte.

Mit einem solchen Denken, muss ich auch den Menschen selbst als etwas Unbestimmtes, also nicht Vertrauenswürdiges begreifen. Fortan muss ich ihnen misstrauen und sie schließlich auch zu kontrollieren suchen.

7.2. Vertrauen, eine Entscheidung

Reinhard K. Sprenger beschreibt in seinem Buch »Vertrauen führt« einen für mich wesentlichen Aspekt: »Markus S. hatte während seines Besuches auf einem Berliner Wochenmarkt unerwartet viele Einkäufe gemacht. Beim Verlassen des Marktes bemerkte er im Vorübergehen ein wertvolles Buch auf einem Antiquariatsstand. Weil das Bargeld aufgebraucht war, sagte er zu seiner Frau: »Schade, das Buch hätte ich gerne mitgenommen, aber wir haben kein Geld mehr.«

Da sagte die Dame hinter dem Tisch: »Nehmen Sie das Buch nur mit, Sie können mir das Geld überweisen.« »Aber ich komme aus einer anderen Stadt,« antwortete er überrascht, »wir kennen uns doch gar nicht. Wollen Sie nicht wenigstens meinen Namen notieren?«

Markus S. nahm das Buch mit – ohne dass er seinen Namen hinterlassen hatte. Er musste dann über sich selbst lächeln, als er am Montagmorgen später zur Arbeit ging, weil er pünktlich um 8:30 Uhr beim Öffnen der Bank der Erste sein wollte, der einen Überweisungsträger ausfüllen wollte.«[76] Und er folgert schließlich: »Vertrauen verpflichtet.«[77]

Reinhard K. Sprenger selbst missbraucht leider das einmal zu Grunde gelegte Vertrauen, um seine Idee einer perfekten Führungsqualität zu postulieren. Damit aber schafft er es im Grunde wieder ab. Oder anders, er macht das Vertrauen zu einer Methode, mit der sich besser »führen« lässt. Ich selbst lehne jede Methode im Zwischenmenschlichen ab!

7.3. Verlust des Vertrauens

Der Verlust des Vertrauens ist die Idee der Kontrolle und entspringt einem Denken in Bestimmer und Bestimmte. Seinen Urgrund hat ein solches Denken in einem materialistischen Menschenbild. Das lässt sich schon bei Immanuel Kant feststellen, wenn er den Menschen als vom Tiere abstammend, wie folgt beschreibt: »... der Mensch ist ein Tier, das, wenn es unter anderen seiner Gattung lebt, einen Herren nötig hat. [...] Wo nimmt man aber diesen Herren her? Nirgends anders als aus der Menschengattung. Aber dieser ist dann ebenso wohl ein Tier, das einen Herren nötig hat.«[78]

Wenigstens erkannte Kant, dass ein solches Denken einen Sprung hat. Aber anstatt den Menschen eine sie einigende Ideenwelt zu Grunde zu legen, mindestens aber Menschen grundsätzlich vertrauenswürdig und des Vertrauens bedürfend zu begreifen, setzte er den fehlenden Herren einfach außerhalb des Menschen in ein Wolkenkuckucksheim, wenn sich bei ihm findet: »Die Objektivität eines reinen Willens [...] ist im moralischen Gesetze a priori gleichsam durch ein Faktum gegeben.«[79]

Dieses Faktum nennt er den »Kategorischen Imperativ.«[80]

Kant hat an die Stelle von Gott also seinen Kategorischen Imperativ gesetzt und behauptet nun sogar, wenn der Mensch diesen pflichtgemäß erfüllt, sei er frei.[81] Frei von sich selbst, lieber Immanuel!

Doch wie ich schon in meiner Anleitung zum Lesen bemerkt habe, durchzieht ein solches Denken auch unser heutiges Soziales.

Es entspringt der Vorstellung von einer objektiven, nachprüfbaren Wissenschaft. Das scheint für die meisten Menschen sehr logisch. Doch bedeutet dies, wenn ein Mensch eine Fähigkeit besitzt, die über alle anderen Menschen hinausweist, dann kann sich eine von ihm gefundene Wahrheit schlichtweg nicht durchsetzen. Es entsteht eine Wissenschaft, die sich wie folgt beschreiben lässt: was die Masse denkt (mindestens die Masse derer, die sich als Wissenschaftler bezeichnen) gilt.

In Bezug auf die Ökonomie musste das auch Tomáš Sedláček festellen: »Die wissenschaftliche Wahrheit ist also keine Sache der objektiven Beurteilung, sondern der Beurteilung durch die eigene akademische Gemeinschaft.«[82]

Und dass diese Vielen so einheitlich denken, gelingt deshalb, weil die meisten Menschen einerseits die Demokratie verherrlichen und andererseits, weil dieses Denken in den technischen Wissenschaften aufzugehen scheint. Es sollte jedoch erhellen, dass eine Fehlkonstruktion eben einfach nicht funktioniert, dass sich also die Dinge selbst aussprechen, also gar nicht die Masse, sondern ausschließlich die Funktionalität entscheidet. Dass ein technischer Fehler von vielen erkannt werden kann, liegt ja nur an der Funktionalität selbst. Also eines vorsehbaren Ablaufes.

---

[75] Adolf Hitler: *Mein Kampf.* Elite Minds Inc., 2010 – S. 79; [76] Reinhard K. Sprenger: *Vertrauen führt.* Campus, Limitierte Sonderausgabe, 2005 – S. 102; [77] ebenda – S. 102; [78] Immanuel Kant: *Was ist Aufklärung.* meiner, 1999 – S. 10; [79] Immanuel Kant: *Kritik der praktischen Vernunft.* meiner, 2003 – S. 75; [80] ebenda. – S. 57; [81] ebenda. – S. 117 ff.; [82] Tomáš Sedláček: *Die Ökonomie von Gut und Böse.* Hanser, 2012 – S. 297

Einen solch vorhersehbaren Ablauf müsste ich nun aber auch dem Geist, dem Leben selbst und dem Sozialen unterstellen. Immer dann, wenn ich an allgemeingültige Methoden für das soziale Miteinander glaube. So unter anderen durch das Aufführen von Studien (nicht selten aus den USA – als würde eine solche Studie per se Bedeutung haben) oder, was im Grunde das Gleiche ist, Verhaltensweisen zu finden, die zugleich als allgemeingültig deklariert werden. Vergessend, dass allgemeingültige Verhaltensweisen überhaupt nur dadurch auftreten, dass viele Menschen allgemeingültig denken. Und wieder müsste ich das vorherrschende Bildungsverständnis, so auch die Schule an sich, in den Focus nehmen.

Es soll an dieser Stelle jedoch genügen, darauf aufmerksam zu machen, dass auch solche Studien im Grunde nur das wiederfinden, was ich als Begriffsdenken deklariert habe.

Wenn aber etwas in mir denkt, was auch in vielen anderen denkt, dann werde ich eben auch, wie die vielen anderen, berechenbar, untersuchbar, austauschbar. Vertrauen kann damit auf Funktionalität und Anpassung reduziert werden.

7.4. Ernährung und Vertrauen

Ein Beispiel für ein solches Begriffsdenken sind die vielen Ernährungsratgeber. So viele, dass ein einziges Leben gar nicht mehr ausreicht, um alle zu studieren oder gar anzuwenden. Was mich allerdings auch noch zu der Schwierigkeit führt, dass sich ihre Inhalte auch noch widersprechen. Hinzu kommt, dass sie sich im Zeitenlauf auch noch verändern und Begriffe enthalten, wie Vitamine, die für sich genommen weder erfahrbar sind, noch an sich eine Bedeutung haben.

Sie entspringen einem Denken, welches den kleinsten Teilen mehr Bedeutung beimisst, als dem Ganzen. Es ist ein bisschen so, als wenn ich das Auge für gesund erklären würde. Nur habe ich noch nie ein Auge allein durch die Welt laufen sehen.

Bei Rudolf Steiner findet sich dazu: »Es ist gar nicht einmal wichtig um zu verstehen, warum eine Uhr geht, dass man weiß, wie das Silber gewonnen wird in den Bergwerken; aber wichtig ist, dass man weiß, wie die Uhr geht, wie der Uhrmacher daran gearbeitet hat. So ist eigentlich im Grunde genommen höchst gleichgültig für die Gesundheit und Krankheit des Menschen, abstrakt zu wissen, aus wieviel Kohlehydraten, Eiweiß, Fett und Salz die Nahrung besteht.«[83]

Betrachte ich den Menschen gar als Individualität, kann es nur einen einzigen Ernährungsratgeber geben. Dieser bin ich selbst.

So liest sich auch bei Steiner: »Man kann im allgemeinen sagen, dass der gesunde physische Leib nach dem Verlangen trägt, was ihm frommt [...], dass [er] genau bis auf das Glas Wasser alles verlangt, was ihm unter gewissen Verhältnissen zuträglich ist und alles zurückweist, was ihm schaden kann.«[84]
Diese Fähigkeit, selbst zu wissen, was gut für mich ist, kann ich bei Tieren noch erkennen. Sie agieren noch aus sich selbst heraus. Im Grunde immer nur dann, wenn der Mensch eingreift, ändert sich das. Gleiches gilt auch für den Menschen selbst.
Die Frage, für mich als Menschen selbst, nicht nur die Ernährung betreffend, wäre also, folge ich meinem Leib, also meinen Begierden, Trieben und Süchten, oder folge ich meinem »höheren« Ich.
Dies gilt auch für die Wahrheit selbst, wenn ich sie als Weltenidee verstehe: »Ein Mensch«, schreibt Steiner, »dem die Gesundheit des Gefühles nicht durch klügelnden Verstand genommen ist, der empfindet wirklich die Wahrheit.«[85]
Es sollte erhellen, dass ein Begriffsdenken, angelernt, ja antrainiert von frühester Kindheit an, sowohl einem solchen Gefühl, als auch meinem »höheren« Ich die Kraft entzieht. Wie, wenn ich einen Muskel nicht mehr gebrauche, so muss auch mein Gehirn zu einer Begriffsautobahn verkümmern, wenn ich denkerisch nicht mehr selbst tätig bin.
An dessen Stelle setzen sich dann die Ratgeber. Zuletzt bekomme ich in einer Kurklinik auch noch das Essen vorgesetzt. Nichts anderes machen Hundehalter mit ihren Hunden.
Im muss nur klar haben, was Steiner wie folgt beschreibt: »Man sollte nur nicht verwechseln: Gedankenbilder haben und Gedanken durch das Denken verarbeiten. Gedankenbilder können traumhaft, wie vage Eingebungen in der Seele auftreten. Ein Denken ist dieses nicht.«[86]

7.5. Sozialreformen, Macht und Vertrauen

Der Verlust meines Weges, meiner Idee, die Schwächung meines eigenen »höheren« Ichs, geht einher mit einem Sinnverlust, den Geist betreffend, greifbar in einer Unzahl von Therapieformen, den einzelnen Menschen, aber auch das soziale Miteinander betreffend. Nur, dass wir die letzteren Therapieformen als Sozialreformen bezeichnen.
Aufrechterhalten wird ein solches Denken auch durch Nachrichten für alle, die sich in der sogenannten freien Presse letztlich nur noch dadurch unterscheiden, dass sich die vermeintlich anspruchsvollen Tageszeitungen von den Klatschblättern nicht etwa inhaltlich voneinander abheben,

---

[83] Rudolf Steiner: *Rhythmen im Kosmos und im Menschenwesen*. R. Steiner Verlag, 1980 – S. 303; [84] Rudolf Steiner: Luzifer-Gnosis, R. Steiner Verlag 1960 – S. 327; [85] Rudolf Steiner: Luzifer-Gnosis, R. Steiner Verlag 1960 – S. 288; [86] Rudolf Steiner: Die Philosophie der Freiheit, R. Steiner Verlag 1973 – S. 55

sondern nur noch in ihrer jeweiligen Aufmachung. Unter Inhalt verstehe ich allerdings den sie durchdringenden Geist, den Denkstrom.

Wer Radio hört, wird sogar halbstündig, in einer für alle gültig erklärten Wichtigkeit, die sich Nachrichten nennt, mit diesem Denkstrom »berieselt«. Es ist wie ein Sog, der die Wichtigkeit auf einzelne Personen zusammenzieht. Ob sie nun Regierende oder Experten heißen. Diesen Sog nennen wir auch Macht. Ohne diesen Sog würde ich diese Menschen nicht einmal kennen. Wesentlich würde aber wieder werden, was die Menschen in meiner unmittelbaren Umgebung tun und denken. Er würde sich umkehren und zu einer Ausstrahlung werden können. Von Menschenherz zu Menschenherz.

Bedeutungslos würde werden, über was sich Angela Merkel und Wladimir Putin streiten. Sie würden sich wohl nicht einmal begegnet sein, aber wenn, käme es auf den Inhalt ihrer Begegnung an, ob sie Strahlkraft hat.

Doch dieses Expertendenken hat noch einen anderen Urgrund, jenes schon erkannte Denken in Bestimmer und Bestimmte. Schon Kant hat das ganz richtig erfasst: »Es ist so bequem, unmündig zu sein. Habe ich ein Buch (oder eben wikipedia), das für mich Verstand hat, einen Seelsorger, der für mich Gewissen hat, einen Arzt, der für mich die Diät beurteilt, usw., so brauche ich mich ja nicht selbst bemühen: Ich habe nicht nötig zu denken ...«[87]

An die Stelle der eigenen Erfahrung, des Vertrauens auf sich selbst, meiner eigenen Forschungsfragen, die Würde beinhalten und aus der Weisheit entspringen kann, hat sich ein vom Menschen losgelöstes, weil nicht mehr wirklichkeitsgemäßes Massendenken gesetzt. Gestützt auf einen Autoritätsglauben den sogenannten Wissenschaften gegenüber. Irgendwie mag ich bei aller meines Erachtens nötigen Kritik den Schumpeter, so wenn er erkennt: »... jede Diskussion politischer Probleme kann den Leser davon überzeugen, dass unsere eigenen geistigen Prozesse zu einem großen und – für das Handeln – höchst wichtigen Teil genau gleicher Natur sind.«[88]

In diesem Augenblick, da ich diese Zeilen schreibe, hängt eine Werbung für fünf Vorträge über gewaltfreie Kommunikation und einem liebevollen Umgang mit Kindern an der Pinnwand des Erfurter Kindergartens. Das erste, was mir auffällt, ist das gestellte, mich anlächelnde Bild der Vortragenden. Untersetzt mit einer Liste der Titel aus angelerntem Wissen. Psychologisches Ziel: Sympathie und wissenschaftliche Autorität. Doch viel wesentlicher ist das Thema: wenn sich zwei Menschen lieben, tauschen sie ganz ohne Anlernen, zärtliche und warme Worte aus.

Nur wenn sie sich nicht liebten, wäre an eine anzulernende Kommunikation überhaupt zu denken.

In diesem Fall aber würden sie sich belügen. Nicht nur das, ich müsste mit einer angelernten Kommunikation auch davon ausgehen können, dass der andere einer Maschine gleicht und meine Kommunikation die Gebrauchsanweisung ist.

Die Autorin, Mareike Langes, muss also zwei Grundannahmen vo aussetzen. Zum einen: Für den Umgang mit Menschen gibt es ein allgemeingültige, anlernbare Gebrauchsanweisung, für die ich einer Lehrer brauche. Und zum anderen: Die Eltern lieben ihre Kinder nicht und müssen deshalb den liebevollen Umgang mit ihnen erst erlernen.

Einher mit einem solchen Denken geht auch der Verlust des Vertrauens von Mensch zu Mensch. Nicht mehr der einzelne Mensch, mit seinen eigenen Erfahrungen, gilt als Maßstab, sondern ausschließlich jenes Denken, was möglichst alle denken.

Ich darf mich allerdings auch hier nicht darüber hinwegtäuschen, dass es nicht darauf ankommt, dass 100 Menschen 100 verschiedene Vorstellungen von Pädagogik, Therapie oder von Gerechtigkeit haben, sondern um die dahinter liegende Idee. Dass also Menschen überhaupt in Begriffen wie »gewaltfreie Kommunikation«, »Pädagogik« oder »Klassenkampf« denken.

Mit anderen Worten: auch wenn sich der Begriff, also die Idee der Blume, in einer Vielzahl von Formen und Möglichkeiten darbietet, so bleibt es doch immer bei der Idee (dem Begriff) der Blume.

Nicht die Dinge beunruhigen die Menschen, sondern ihre Meinungen über sie.
Epiktet

7.6. Misstrauen und Idee

Misstrauen ist zunächst nur eine Irritation, ob der noch vorhandenen gemeinsamen Idee, des gemeinsamen Zieles. Bei sich Liebenden trägt diese Irritation manchmal auch den Namen Eifersucht.

Wenn ich mit einem anderen Menschen zusammen eine Brücke bauen will und ich würde im Laufe unseres Tuns erkennen, dass das Tun meines Gegenübers der Idee der gemeinsamen Brücke widerspricht, ich würde mich durch Nachfragen vergewissern, ob wir immer noch die gleiche Idee dieser Brücke haben.

Niemals würde ich auf die Idee kommen, zunächst erst einmal Beziehungsarbeit zu leisten. Auch käme mir nicht der Gedanke, diesen Menschen einfach weiterbauen zu lassen, um mich in der Zwischenzeit bei einem Dritten über diesen zu beschweren.

Dies gilt vollumfänglich auch für die erwähnten Lebensorte.
Jede Irritation kann ausschließlich von Mensch zu Mensch, zeitnah und direkt, also nicht über Dritte geklärt werden.
Was mir ein Mensch über einen anderen Menschen erzählt, hat mit diesem anderen Menschen nichts zu tun.
Dieser erzählt immer und ausschließlich nur von sich selbst, also in diesem Fall von seinen eigenen, begrenzten Erfahrungen mit diesem Menschen. Weder sind diese Erzählungen in der Regel frei von Sympathie oder Antipathie, noch ein für mich reales Erlebnis.
Beziehe ich nun aber diese Aussagen nicht nur auf mein Gegenüber, um von diesem etwas zu erfahren, werde ich in meinem Bild von dem Dritten vorgeprägt. Nur bei Maschinen hat es Sinn, dass mir ein anderer Mensch diese erklärt.
Lebensorte macht aus, dass sich Menschen frei wählen und frei bleiben. Das können sie aber nur in einer sie vereinenden Ideenwelt. Ändert sich diese, ändern sich damit auch ihre Ziele.
Wenn wir es nicht schaffen, Irritationen als eine Veränderung dieser Ziele zu fassen, dann führen diese auseinanderlaufenden Ziele zwangsläufig zu Spannungsverhältnissen.
Und ebenso wie dies beim Brückenbau zu unsicheren und immer wieder einstürzenden Brücken führen würde, so auch im Sozialen.
So findet sich bei Steiner: »… die bloße Theorie korrigiert auf schmerzlose Art, wenn ihr unzulängliche Begriffe eingefügt werden. Die Wirklichkeit korrigiert unter Schmerzen und Katastrophen.«[89]
Noch deutlicher wird er in der folgenden Aussage: »Schlecht gebaute Brücken stürzen ein: und dem Befangensten ist dann klar, dass der Brückenbauer ein Pfuscher war. Was aber im sozialen Wirken verpfuscht wird, das zeigt sich nur darinnen, dass die Mitmenschen darunter leiden.«[90] Wie könnte auch ein Zusammenwirken zweier oder mehrerer Menschen, die nicht unter einer einigen Idee stehen, gesundend wirken? Es ist schlichtweg unmöglich und damit krankmachend. Es führt überdies zu unsicheren Mensch-zu-Mensch Verhältnissen.
Kein Wunder also, dass wir Methoden erfinden, die dann dazu führen, dass sich nicht mehr Mensch zu Mensch beggegnet, sondern Methode zu Methode und dennoch immer wieder Leid und Streit entsteht.
Solange unsere Ziele, unsere Ideen identisch sind, gibt es keinen Streit. Es bedarf keiner gewaltfreien Kommunikation, keines gegenseitigen Einübens oder irgendeiner Beziehungsarbeit.
Schließlich findet sich folgender Spruch aus dem Tibetischen Totenbuch:

»Was immer du wünschest, wird sich ereignen. Lass dich nicht ablenken. Die Grenze zwischen Aufwärtsgehen und Nachuntengehen ist jetzt, sie ist hier. Wenn du auch nur für eine Sekunde Unentschlossenheit duldest, hast du Elend zu ertragen für lange Zeit.«[91]

7.7. Geistige Zerrissenheit

Ich habe schon mehrfach erwähnt, dass das vorherrschende Denken von einer Nachprüfbarkeit ausgeht. Nachprüfen lässt sich aber nur das Materielle, also das Tote. So die Technik. Doch schon das Leben entzieht sich einem solchen Denken.

Würde ich mich mit einem solchen Denken tatsächlich ernst nehmen, ich könnte nur den Maschinen vertrauen. Denn einem Menschen gegenüber könnte ich kein einziges Gefühl, keine einzige Idee ernst nehmen.

So schreibt Rudolf Steiner: »Nun weiß jeder Mensch von einer wirklichen Welt, die er mit den gewöhnlichen Sinnen nicht wahrnehmen kann. Das ist seine eigene Innenwelt. Seine Gefühle, Triebe, seine Leidenschaften und Gedanken sind wirklich. Sie leben in ihm. Aber kein Ohr kann sie hören, kein Auge kann sie sehen.«[92]

Was ich aber wahrnehmen kann sind Wirkungen. Solche Wirkungen gehen auch vom Wind, der Wärme, der Kälte, dem Licht aus. Mir wird kalt, ich bekomme eine Gänsehaut, ich beginne zu schwitzen oder bekomme einen Sonnenbrand.

Das vorherrschende naturwissenschaftliche Denken macht nichts anderes, als das selbstgeschaffene, materielle Weltbild einfach auf diese Wirkungen zu übertragen und stellt sich das Wirkende feinstofflich vor.

Ich kann mir auch Gott feinstofflich vorstellen und ihn dann mathematisch berechnen, beantwortet habe ich damit allerdings nichts. Ein solches Denken muss deshalb auch an den seelischen Leiden der Menschen scheitern.

Tatsächlich zeigt sich dies an den vielen vorherrschenden Methoden und Therapieformen aber auch an dem Glauben, man könne zusammen ein Team bilden. Da solche Versuche regelmäßig scheitern, werden immer neue Methoden gepriesen und angewandt. Es gleicht geistig dem Versuch, Menschen, die in verschiedenen Richtungen unterwegs sind, dennoch zusammenzubringen.

Sehr klar hatte das schon Konfuzius: »Wenn man verschiedenen Wegen folgt, kann man füreinander keine Pläne schmieden.«[93]

Die Methoden sind dann wie Gummibänder, es scheint zu gehen, auch wenn sie ein bisschen behindern. Das Dumme ist nur, entweder sie rei-

---

[89] Rudolf Steiner: *Freiheit – Unsterblichkeit – Soziales Leben*, R. Steiner Verlag, 1990 – S. 152; [90] Rudolf Steiner: *Luzifer-Gnosis*. Verlag R. Steiner Nachlassverwaltung, 1960 – S. 195; [91] *Der Elefant*. Eigenverlag des Deutschen Vereins für öffentliche und private Fürsorge, 3. Auflage, 1993 – S. 45; [92] Rudolf Steiner: *Luzifer-Gnosis*. R. Steiner Verlag, 1966 – S. 112; [93] Konfuzius: *Gespräche*. Phaidon, 1989 – S. 194

ßen oder sie erzeugen Stillstand. Wir gehen auch geistige Wege, durch unser Denken, unsere Ideen, unsere Träume, und immer, wenn wir etwas über diese Idee, die wir selber sind, stellen, werden wir seelisch krank.
Diese Krankheit ist zugleich die zerstörerische Kraft in jedweden sozialen Zusammenhängen.
Steiner beschreibt sie wie folgt: »Hier liegt eigentlich der Grund zu allen inneren Unzufriedenheiten. Wenn jemand innere Unzufriedenheit hat, so kommt es von dem Druck des unterbewussten Teiles des Fühlens und des Wollens.«[94]

8. Arbeitszeit und Takt

Adam Smith beschreibt in seinem Buch »Vom Reichtum der Nationen« die Arbeitsteilung als einen wesentlichen Faktor zur Produktionssteigerung: »Indessen bewirkt die Arbeitsteilung, soweit sie sich einführen lässt, in jedem Gewerk eine verhältnismäßige Vermehrung der produktiven Arbeitskräfte.«[95]
Diese führt er zurück »... auf die gesteigerte Geschicklichkeit jedes einzelnen Arbeiters, der Zeitersparnis, welche gewöhnlich beim Übergange von einer Arbeit zur anderen verlorengeht und endlich auf die Erfindung zahlreicher Maschinen.«[96]
Einmal den Menschen zu einem solch bloßen Räderwerk gemacht, scheut sich schließlich auch Adam Smith nicht, den Menschen gleich selbst mit einer Maschine zu vergleichen: »Ein Mensch aber, der mit vieler Arbeit und Zeit zu einem derjenigen Geschäfte, die ungewöhnliche Fertigkeit und Geschicklichkeit erfordern, erzogen wurde, kann wohl mit einer solchen kostspieligen Maschine verglichen werden.«[97]
Smiths Ansicht lebt bis heute im Denken der Menschen. Der Mensch als Räderwerk, eingebunden in einen durch sein Denken selbstgeschaffenen Takt aus Dienstplänen, Öffnungszeiten, Terminen ...
Steiner beschreibt diese Entwicklung wie folgt: »Der Geist ist der Sklave der Materie geworden.«[98] Und Erich Fromm schildert: »Der Mensch wird entfremdet, er wird mehr und mehr zu einem man statt zu einem ich.«[99]
Bei Dörner und Plog findet sich dann: »Die Norm [...] schafft mehr Leid als weniger.«[100]
So werben in der Stadt, in der ich wohne, die Verkehrsbetriebe mit einem »Zehn Minuten Takt«. Ich muss nicht einmal mehr den Fahrplan lesen –

also meinen Weg planen – ich muss nicht mal mehr denken. Ich habe das an mir selbst durch die permanente Benutzung eines Taschenrechners erlebt. Es hat dazu geführt hat, dass ich meiner eigenen Kopfrechnung nicht mehr getraut habe. Mithin auch, dass ich die Leichtigkeit meines Kopfrechnens verloren hatte.
Alles scheint immer und sofort verfügbar zu sein. Was den Menschen allerdings mit einschließt. Letzteres drückt sich in einer nahezu lückenlosen Verfügbarkeit und Ersteres an dem Verlust des Weges aus.
Immer gigantischere Bauprojekte der Deutschen Bahn haben nur ein einziges Ziel, vorhandene Distanzen immer schneller zu überbrücken – also den Weg zu vernichten.
Um das zu erreichen, werden Tunnel gebaut und Schallschutzmauern errichtet, so dass ich überall dort nicht mal mehr die Landschaft wahrnehmen kann.
Nichts von alledem entspricht meinem Menschsein. Und auch Max Piperek kritisiert: »Je schneller wir fahren, desto geringer der seelisch-geistige Gewinn der Reise.«[101]
All das entspringt einem wirklichkeitsfremden Denken, welches den Menschen selbst als Räderwerk betrachtet. Und wenn dieses versagt, wird es durch ein äußeres Räderwerk ersetzt, was wir Wecker oder überhaupt äußere Zeit nennen. Oder mit Steiner: »Es hat die andere, die bedenklich wahre Seite, dass der Mensch sich immer mehr und mehr mit seiner Freiheit an den objektiven Wirtschaftsprozess und dergleichen übergibt.«[102]

9. Arbeitsteilung

»Wenn die Teilung der Arbeit einmal durchweg eingeführt ist, so wird nur ein kleiner Teil von den Bedürfnissen eines Menschen durch das Produkt seiner eigenen Arbeit befriedigt werden können.«[103]
Was Adam Smith da erkennt, ist aber gerade nicht der Nachteil der Arbeitsteilung, sondern dessen Vorteil. Gerade dadurch, dass nicht mehr jeder für sich allein sorgen muss, entstehen überhaupt erst jene Freiräume, die die Verwirklichung einer Idee erst ermöglichen.
Geld ist – so Kathrin Schuster – nichts anderes als ein Gemeinschaftstopf. Ohne diesen Topf ist es mir schlichtweg nicht möglich, mich selbst zu verwirklichen. Was bliebe, wäre die reine Selbstversorgung, die reine Erhaltung. Es sei denn, ich verwechsle Selbstverwirklichung mit

[94] Rudolf Steiner: *GA 153.* – S. 116; [95] Adam Smith: *Vom Reichtum der Nationen.* Voltmedia – S. 11; [96] ebenda – S. 12; [97] ebenda – S. 106; [98] Rudolf Steiner: *GA 106.* – S. 161; [99] Erich Fromm: *Über den Ungehorsam.* dtv, 6. Auflage, 1995 – S. 62; [100] Klaus Dörner & Ursula Plog: *Irren ist menschlich.* Psychiatrie Verlag, 2000 – S. 289; [101] Max Piperek: *Psychische Umweltvergiftung.* Braumüller, 1974 – S. 20; [102] Rudolf Steiner: *GA 76.* – S. 192; [103] Adam Smith: *Vom Reichtum der Nationen.* Voltmedia – S. 26

Selbstversorgung. Letzteres wäre jedoch ein Rückfall ins Tierreich. Der Gedanke des Gemeinschaftstopfes zwingt das Geld in die Rolle des Dieners. Denke ich aber vom Geld aus, so erhebt es sich über mich. Geld ist die Bestie, die nur dienen kann, wenn ich sie zu zähmen weiß. Ein Denken vom Geld aus muss jedoch zugleich zu einer Entfremdung zwischen meinem Tun und dem Geld selbst führen.

Steiner beschreibt dies so: »Es ist eben dieses eingetreten, dass der Mensch durch das moderne wirtschaftliche Leben, in das die Technik sich hineinergossen hat, von seinem Produkte getrennt worden ist, sodass ihn keine wirkliche Liebe mehr mit dem Produzieren verbinden kann. Was also eingetreten ist, ist die Trennung des Menschen von seinem Produkte. Es ist ihm gleichgültig geworden.«[104]

Ohne den Gedanken einer einigen Menschheit, verbunden durch eine sie einigende Ideenwelt, setzt sich eben das Geld, als einzig verbliebenes Ziel, an dessen Stelle. Nötig wäre es, so Steiner, »… gar nicht den Glauben aufkommen zu lassen, dass es so etwas wie eine theoretische Nationalökonomie auch nur geben könnte.«[105]

Tatsächlich aber entspricht genau dies dem vorherrschenden Denken. An die Stelle des Menschen ist der Gedanke an einen ominösen Markt, die Börse oder die Hoffnung auf Erfüllung geldpolitischer Maßnahmen getreten. Was dann bleibt ist ein entmenschlichtes Gegeneinander. Was folgt ist, dass sich Menschen gegen Menschen schützen müssen.

Ausdruck dessen ist auch die Vielzahl vorhandener Gesetze. In der Ausgabe der Zeitung »Die Welt« findet sich in einem Interview mit Ulrich Karpen: »Wir haben einfach zu viele Gesetze. Im Augenblick gelten für Sie und mich 2.197 Bundesgesetze mit 46.777 Einzelvorschriften und 3.131 Verordnungen mit 39 197 Einzelvorschriften. Hinzu kommen Landesgesetze und Regelungen der Europäischen Union. Insgesamt schätze ich die Zahl aller Einzelvorschriften, die einen Deutschen derzeit binden, auf rund 150.000.«[106] Und Karpen schlussfolgert schließlich im selben Interview: »Der Gedanke, ein Bürger könne aufgrund der Kenntnis all dieser Gesetze rechtstreu sein, ist eine reine Fiktion.«[107]

Auch Hans-Hermann Hoppe erkennt: »Gegenwärtig geht die Zahl der Gesetze in die Zehntausende. Sie füllen hunderttausende von Seiten, berühren jeden Aspekt zivilen und kommerziellen Lebens und führen zu einer […] immer höheren Rechtsunsicherheit.«[108]

Der Verlust des Vertrauens, führt zu einem Verlust der Menschlichkeit, zu immer mehr Misstrauen, immer mehr Kleingedrucktem, immer mehr

Regeln. Was Reinhard K. Sprenger treffend in die Worte fasst: »Jede neue Regel erzeugt neuen Regelbedarf.«[109]
Unter solchen Bedingungen (Denkmustern) muss Rudolf Steiners soziales Hauptgesetz wie eine Utopie erscheinen: »Das Heil einer Gesamtheit von zusammenarbeitenden Menschen ist umso größer, je weniger der einzelne die Erträgnisse seiner Leistungen für sich beansprucht, das heißt, je mehr er von diesen Erträgnissen an seine Mitarbeiter abgibt, und je mehr seine eigenen Bedürfnisse nicht aus seinen Leistungen, sondern aus den Leistungen der anderen befriedigt werden.«[110]
Für Rudolf Steiner war ersichtlich: »Der Grundnerv allen sozialen Lebens ist das Interesse von Mensch zu Mensch.«[111]
Dies ist aber nicht die Grundidee, die Herangehensweise des vorherrschenden, materialistischen und wirtschaftlichen Denkens. So findet sich bei Eva Illouz: »Die Vergrößerung der Unternehmen ging einher mit der Konsultierung der Management-Theorien. [...] Diese Ideologie konzipierte den Arbeitsplatz als System, in dem die Individuen ausgelöscht und allgemeine Regeln und Gesetzmäßigkeiten zunächst formalisiert und dann auf den Arbeiter und den Arbeitsprozess angewendet werden sollten.«[112]
Auch der bei Adam Smith erwähnte Maschinenmensch taucht bei Illouz wieder auf: »Die Ingenieure betrachten Menschen als Maschinen und das Unternehmen als unpersönliches System, das es zu handhaben [gilt].«[113]

10. Der Mensch als Maschine

Wenn ich den Menschen als Maschine betrachte, dann muss ich wesentliche Merkmale des Menschseins ausklammern. Mindestens aber muss ich ihm Funktionalität unterstellen.
Im eigentlichen Sinne kann ich damit aber nicht mehr von einem Menschen sprechen, und nur die Funktionalität betrachtend, rutsche ich damit nicht nur unterhalb meines Menschseins, sondern gar noch unterhalb einer Maschine. Das erkennt auch Viviane Forrester: »... ein Wert, der die Menschen allein auf ihren wirtschaftlichen Ertrag reduziert, der sich deutlich von jeder anderen Qualität unterscheidet, der sie noch unterhalb des Niveaus von Maschinen ansiedelt.«[114]
So bezeichnet Gerald Hüther den Menschen gar als ein sich selbst organisierendes System.[115] Damit steht er nicht allein. Auch Gerhard Roth

---

[104] Rudolf Steiner: *Anthroposophie – Soziale Dreigliederung und Redekunst*. R. Steiner Verlag, 1984 – S. 57; [105] *ebenda* – S. 85; [106] Ausgabe „Die Welt" vom 09. Mai 2005; [107] *ebenda*; [108] Hans-Hermann Hoppe: *Demokratie – Der Gott der keiner ist*. Manuscriptum, 2013 – S. 148; [109] Reinhard K. Sprenger: *Vertrauen führt*. campus, 2005 – S. 122; [110] Rudolf Steiner: *GA 34* – S. 213; [111] Rudolf Steiner: *GA 186* – S. 167; [112] Eva Illouz: *Gefühle in Zeiten des Kapitalismus*. Suhrkamp, 5. Auflage, 2015 – S. 23; [113] *ebenda*. – S. 24; [114] Viviane Forrester: *Der Terror der Ökonomie*. Goldmann 1998 – S. 200; [115] Gerald Hüther: *Etwas mehr Hirn bitte*. Vandenhoeck & Ruprecht, 2015 – S. 146

meint: »Lebewesen kann man als selbstherstellende und selbsterhaltende Systeme definieren.«[116]

Evelyn Fox Keller hält dem entgegen: »Auch die Vorstellung eines genetischen Programms ist [...] bereits so tief in unser Denken [...] eingedrungen, [...] dass es mehr als nur guten Willen, Sorgfalt und Begriffskritik braucht, um sie auszutreiben.«[117]

Ganz so funktional scheint nun aber der Mensch, zumindest bei Gerald Hüther, nicht zu sein, wenn er am Ende seines Buches anmerkt: »Und auch jene, die genau zu wissen glauben, wo es langgeht [...], die fahren wahrscheinlich auch weiterhin lieber auf ihren Luxusjachten umher und kaufen sich eine Insel in der Südsee.«[118]

Doch wenn Hüther den Menschen einerseits funktionalisiert und ihn andererseits als von Affen abstammend betrachtet, bringt ihn ein solches Denken in eine wesentliche Schwierigkeit, denn die Yachtfahrer und Südseeinselkäufer hätten ja nun, nach dieser Theorie, den Kampf ums Dasein eindeutig gewonnen.

Doch gerade dort will Hüther sie wieder zu Affen degradieren, wenn er den Übergang vom Affen zum Menschen wie folgt beschreibt: »[Wir] schleppen aber noch immer eine Vielzahl unterschiedlicher, aus unserer Vergangenheit mitgebrachter und fest im Hirn verankerter Vorstellungen mit uns herum, die uns daran hindern, zu dem zu werden, was wir sein könnten."[119]

Hüther erklärt sich die Welt also nach Darwin, doch dieser ging von einem Kampf ums Dasein aus und schrieb: »Der Mensch ist jetzt [...] das dominierendste Tier [...] Die äußerst hohe Bedeutung dieser Eigenschaft ist durch die endgültige Entscheidung des Kampfes ums Dasein bewiesen worden.«[120]

Ein Südseeinselbesitzer mit einer Luxusjacht hätte nach einer solchen Denkweise diesen Kampf bereits gewonnen.

Tatsächlich aber hat Darwin gar nichts bewiesen! Er zweifelt im Übrigen auch selbst, wenn er schreibt: »Die große Lücke in der organischen Kette zwischen dem Menschen und seinen nächsten Verwandten, welche von keiner ausgestorbenen oder lebenden Spezies überbrückt werden kann, hat oft als schwerwiegender Einwand vorhalten müssen, dass der Mensch von einer niederen Form abstamme.«[121]

Für Darwin nur eine Frage der Zeit, bis diese entdeckt werden würde: »Auch darf man nicht vergessen, dass diejenigen Gegenden, welche am wahrscheinlichsten solche Reste darbieten, die den Menschen mit irgend einem ausgestorbenen affenähnlichen Geschöpfe verbinden, bis

jetzt von Geologen noch nicht untersucht sind.«[122] Mit anderen Worten: es gibt gar keinen Beweis!
Um was sich Hüther gar nicht mehr kümmert, ist bis heute nie gefunden worden. So schreibt der Evolutionsforscher Siegfried Scherer: »Die Hoffnung, in der Fossilgeschichte der [Affen] den aufrechten Gang linear-sukzessiv verfolgen zu können, wurde mit jedem neuen Fund kleiner.«[123]
Und weiter: »Der Ursprung der Gattung Homo bleibt damit weiter frustrierend unklar.«[124]
Auch Ernst Michael Kranich schreibt: »Wie aus genetischen Faktoren eine Begabung entsteht, wird nirgendwo erklärt. Und Gründe für eine genetische Bedingtheit von Begabungen verlieren bei genauerem Zusehen ihre Beweiskraft.«[125]
Das überrascht auch nicht, denn schon fast 300 Jahre vor dieser Aussage schrieb Christian Wolff: »Durch leere Ausdrücke wird nicht der Grund dessen angegeben, was ist [sondern] durch leere Ausdrücke wird [...] fälschlich der Grund dessen angegeben, was ist.«[126]
Und er schlussfolgert weiter: »Was auch immer man nämlich von dem annimmt, von dem man beobachtet, [...] wird man entweder dessen Grund feststellen oder wenigstens in keiner Weise beweisen können, dass es keinen gibt, sondern gezwungen werden einzugestehen, dass man ihn nicht finden kann.«[127]
Und Darwins Evolution ist ein solcher Begriff.
Er gehört damit zu den Worthülsen einer nicht über das Tote hinausreichenden Wissenschaft, ebenso wie die Begriffe: Schwerkraft, Atome, Psychologie usf.
Auch Henri Bergson lehnt einen solchen Materialismus ab, der »... den ersten Terminus aus dem zweiten ableiten will.«[128] Und forderte deshalb auch zu Recht: »Was verlangen wir also? Einfach, dass man seinen Zauberstab aus dem Spiel lasse ...«[129]
Und so schreibt Wolff folgerichtig weiter: »Wenn das Prinzip des zureichenden Grundes aufgehoben wird, wird die wahre Welt zur Fabelwelt, in welcher der Wille des Menschen an Stelle des Grundes dessen, was geschieht, steht. [...] Die Fabelwelt von der ich hier spreche, ist eine geistlose Erdichtung.«[130]
Damit einhergehend bleibt auch das unklar, was Rudolf Steiner wie folgt beschreibt: »Es ist etwas ganz anderes, ob man einem Naturvorgang

Ein Übel ist der Zwang, doch was zwingt uns, unter Zwang zu leben.
Epikur

---

116 Gerhard Roth: *Das Gehirn und seine Wirklichkeit*. suhrkamp, 1997 – S. 80; **117** Evelyn Fox Keller: *Das Jahrhundert des Gens*. campus, 2001 – S. 174; **118** ebenda ▶115 – S. 182; **119** ebenda ▶115 – S. 122; **120** Charles Darwin: *Die Abstammung des Menschen*. Fischer, 2009 – S. 59; **121** ebenda – S. 196; **122** ebenda – S. 197; **123** Reinhard Junker & Siegfried Scherer: *Evolution – Ein kritisches Lehrbuch*. Weyel, 2013 – S. 287; **124** ebenda – S. 291; **125** Fritz Bohnsack, Ernst-Michael Kranich: *Erziehungswissenschaft und Waldorfpädagogik*. Beltz, 1994 – S. 113; **126** Christian Wolff: *Erste Philosophie oder Ontologie*. meiner, 2005 – S. 145; **127** ebenda – S. 163; **128** Henri Bergson: *Materie und Gedächtnis*. omnium, 2014 – S. 143; **129** ebenda – S. 29; **130** ebenda ▶126 – S. 185

naturwissenschaftlich zergliedernd gegenübersteht oder ob man einem Menschen gegenübersteht und versucht, sich mit diesem Menschen zu verstehen, diesem Menschen seelisch nahe zu kommen.«[131]

Es ist nun durchaus nicht so, dass das vorherrschende Denken dies nicht mindestens erahnt, aber es ist evident, was Berger und Luckmann schreiben: »Der Alltagsverstand hat unzählige prä- und quasi-wissenschaftliche Interpretationen der Alltagswelt zur Hand, welche er für gewiss hält.«[132] Werden diese nun aber in Frage gestellt, so die beiden weiter, sind sie: »… eine Gefahr, weil ihr bloßes Vorhandensein empirisch demonstriert, dass die eigene Sinnwelt nicht wirklich zwingend ist.«[133]

Das Problem ist aber nicht nur das Verharren und die Ablehnung, sondern die damit verbundene Vereinheitlichung des Denkens selbst. Wenn Wolf-Ekkehard Lönnig schreibt »… es gibt jedoch mehrere […] Forscher, die tatsächlich und unmissverständlich einräumen, dass sie die Phänomene ihrer Forschungsobjekte in den entscheidenden Details bis heute nicht evolutionstheoretisch erklären können. So ist« laut Lönnig »für diese zumindest das *Wie* noch offen.«[134]

Diese Frage ist aber auch eine Frage nach dem Woher, also nach der Heimat des Menschen. Heimatlos muss ich werden, wenn ich mich nur als Staub begreife. Greifbar in den Worten von Jostein Gaarder: »Sie leben als hätte das einen Sinn […] Aber wir sind Staub.«[135]

Aus Staub aber besteht nur unser physischer Leib, der jedoch kein Leben hatte, bis zu der Bibelstelle: »Da machte Gott der Herr den Mensch aus Erde vom Acker und blies ihm den Odem des Lebens in seine Nase.«[136] Und so schlussfolgert Lönnig schließlich auch: »Die Frage nach dem Sinn des Lebens darf – auch rational abgesichert – wieder gestellt werden.«[137]

Doch Lönnig geht es mit seinen Forschungsresultaten ähnlich wie schon 100 Jahr zuvor dem Forscher Oscar Hertwig, wenn dieser die Hartnäckigkeit der vorherrschenden Lehre wie folgt beschreibt: »In früheren Jahrhunderten war die Überzeugung von Organismen aus dem Schoß der leblosen Natur eine weit verbreitete Lehre. [Doch] wenn sie in einem Fall, wie der Entstehung der Fliegenmaden, durch Entdeckung der Eier und durch einfache Experimente von dem Italiener Redi widerlegt worden waren, so tauchte sie bald wieder an anderer Stelle auf. [Und] auch die einfachen und richtigen Experimente von Spallanzani konnten viele Forscher in ihrem Irrtum nicht wankend machen.«[138]

So suchen, in dem schon erwähnten Teilchenbeschleuniger in Cern, Menschen nach einem Gottesteilchen. Es ist als würde der vorherrschende Wissenschaftsglaube permanent Schleifen drehen. Im Grunde sogar logisch. So mit Steiner: »… weil die Naturwissenschaft scharf die Grenze bezeichnet, den Punkt hingesetzt hatte, bis wohin sie in ihrer Weise gehen will.«[139]

Hinzu tritt, dass der Mensch im eigentlichen Sinne entmenschlicht wird. Unverstanden müssen dann auch die Worte aus den Upanischaden bleiben: »Der Geist aber, kann man sagen, ist von zweierlei Art: rein und unrein. Getrieben von den Sinnen, wird er unrein; sind die Sinne aber unter Kontrolle, so wird der Geist rein. […] Getrieben von den Sinnen geraten wir in Gebundenheit. Die Sinne beherrschend werden wir frei. Die nach Freiheit streben, müssen Herr über ihre Sinne sein.«[140] Und schließlich: »Verstehe das Selbst als den Herrn des Wagens, den Körper als den Wagen selbst.«[141]

Aber eigentlich bräuchte ich all diese Zitate nicht, denn wenn ich krank im Bett liege, wird mir sehr wohl bewusst, nicht der Herr des Wagens ist krank, sondern der Wagen selbst.

Auch dem üblichen Satz: Dein Immunsystem ist zu schwach, möchte ich entgegenhalten: wessen Immunsystem? Jeder Mensch weiß also zumindest durch seine eigene Sprache von diesem Wagenlenker oder anders: dem »höheren« ICH.

11. Das höhere Ich

Was damit gemeint ist, muss jeder, wie alles in dieser Schrift, für sich selbst herausfinden. Ich werde später noch auf die uns einigende Ideenwelt eingehen. Dort können wir uns finden. So muss auch das, was ich hier gerade schreibe, dort zu finden sein.

Ich möchte zunächst, wenn es um das höhere Ich gehen soll, mit Steiner beginnen: »Das Ich lebt«, so Steiner, »durch sein Denken das allgemeine Weltleben mit. Es bezieht durch dasselbe rein ideell (begrifflich) die Wahrnehmungen auf sich, sich auf die Wahrnehmungen.«[142] Und weiter schreibt er: »Im Gefühl erlebt es einen Bezug der Objekte auf sein Subjekt; im Willen ist das umgekehrte der Fall.«[143] Es ist dies einmal eine Wirkung auf mein Ich und einmal eine Wirkung durch mein Ich. Steiner macht auf noch etwas Geheimnisvolles aufmerksam: »Was im Wollen nicht rein ideeller Faktor ist, das ist ebenso bloß Gegenstand des Wahrnehmens wie das bei irgendeinem Dinge der Außenwelt der Fall ist.«[144] Das bedeutet: Über mein Wollen weiß ich eigentlich nichts. Auf die Frage,

---

[131] Rudolf Steiner: *GA 72* – S. 348; [132] Berger & Luckmann: *Die gesellschaftliche Konstruktion der Wirklichkeit.* Fischer, 21. Auflage 2007 – S. 23; [133] ebenda – S. 116; [134] Wolf-Ekkehard Lönnig: *Die Evolution der karnivoren Pflanzen.* MV-Wissenschaft, 2012 – S. VIII; [135] Jostein Gaarder: *Der Geschichtenverkäufer.* dtv, 2. Auflage, 2004 – S. 62; [136] *Die Bibel.* Deutsche Bibelgesellschaft, 1999 – S. 4; [137] Wolf-Ekkehard Lönnig: *Die Evolution der karnivoren Pflanzen.* MV-Wissenschaft, 3. Auflage, 2012 – S. 1; [138] Oscar Hertwig: *Das Werden der Organismen.* Forgotten Books, 2015 – S. 3; [139] Rudolf Steiner: *GA 34* – S. 234; [140] *Die Upanischaden.* Goldmann, 4. Auflage, 2008 – S. 322; [141] ebenda – S. 126; [142] Rudolf Steiner: *GA 4* – S. 140; [143] Rudolf Steiner: *GA 4* – S. 140; [144] ebenda – S. 140

was mich als Mensch ausmacht, was mich von allen anderen Menschen unterscheidet, konnte mir bisher niemand eine Antwort geben. Die einzig stimmige Antwort, die es darauf geben kann, ist aber mein Wille selbst. Es ist das, was mich, nicht vorgegeben, sondern ganz individuell bewegt.
Nun kann mich aber mein Körper an der Durchsetzung meines Willens sehr wohl behindern, so bei einer Krankheit. Meine Körperlichkeit wirkt dann auf mein Ich, verhindert oder behindert. Ganz anders, wenn mein Körper nicht weiter will, wir sprechen dann oft von einem inneren Schweinhund, der zu überwinden wäre, dann bewegt mein Wille meinen Körper, entgegen seiner eigenen Bestrebung. Oder anders: Jede Anstrengung widerstrebt dem Festen.
Und dann gibt es noch das erhabene Gefühl etwas geschafft zu haben. Geschafft gegenüber was oder wem, wenn es doch weder eine Seele noch einen Geist geben soll?
Etwas wirkt also in mir, was ich in seinem Ursprung nicht kenne. Steiner spricht in diesem Zusammenhang auch von einem »Doppelgänger«[145]
Das mag skurril klingen, aber genau genommen nicht weniger skurril als das, was die sogenannte moderne Hirnforschung über den Menschen denkt. So beschreibt Antonio Damasio: »Mit Ausnahme des Fensters, das unser Selbst uns unmittelbar zu unseren eigenen Schmerzen und Freuden eröffnet, müssen wir die von ihm gelieferte Information in Frage stellen, und zwar erst recht dann, wenn die Information sein eigenes Wesen betrifft. Das Gute dabei ist aber, dass das Selbst auch Vernunft und wissenschaftliche Beobachtung ermöglicht hat: Vernunft und Wissenschaft korrigieren dann nach und nach die irreführenden Intuitionen, die vom Selbst ohne solche Hilfe in die Welt gesetzt werden.«[146]
Woher nun aber Antonio diese Wissenschaft zu nehmen glaubt, bleibt unergründlich. Es zeigt aber erschreckend auf, was »wissenschaftlich« anerkannt ist und was nicht. Das liegt einerseits an der Vermischung von Theorie und Wirklichkeit, die Benedetto Croce als: »... fast sympathetische Gleichstellung von Theorie und Praxis ...«[147], beschreibt. Und andererseits daran, dass wir aufgehört haben selber zu denken.
Steiner beschreibt dieses Phänomen klassisch: »Die Ideen, die dem heutigen Menschen für seine Seele vermittelt werden, nimmt er einfach dadurch auf, dass er aus blindestem Autoritätsgefühl heraus sofort überzeugt ist, wenn man ihm sagt: Die Wissenschaft hat wiederum das und das gebracht, wiederum das und das konstatiert. Man muss sich nur klar sein darüber, was das eigentlich heißt, dass man diese Dinge so

hinnimmt, wie sie heute geschildert werden. Man weiß durchaus nicht, indem man die Schilderung entgegennimmt, was da eigentlich in den Laboratorien und so weiter vorgeht. Kurz, es ist der blindeste Autoritätsglaube an dasjenige vorhanden, was in dieser Weise an Ideen über die äußere Welt den Menschen mitgeteilt wird.«[148]

Wenn ich stattdessen wieder selber forsche, so wenn ich das kleine Kind betrachte, dann fällt auf: dieses Kind bewegt sich fast völlig ohne Rücksicht auf seinen eigenen Körper. Weder nimmt es Rücksicht auf äußere Gefahren, noch auf innere Unmöglichkeiten. Das kleine Kind IST einfach. Oder mit Steiner: »In der allerersten Zeit seines Lebens vollbringt der Mensch [...] einfach dasjenige, was er will.«[149]

Ist das dann aber nicht jener Wille des höheren Ich, der mich überhaupt erst einmal als Individualität ausmacht?

Wenn ich diesen Gedanken auch nur für einen Augenblick zulasse, dass sich ein Geist in die Leiblichkeit inkarniert, dann entsteht plötzlich eine Logik, die sich mir bei den erwähnten Ausführungen von Antonio Damasio völlig entzieht.

Mit dieser könnte ich das Spiel des Kindes fortan nicht mehr als eine im Grunde sinnlose Betätigung begreifen, in welche ich dann jederzeit, mit meinem selbst getakteten Leben eingreifen kann. Sinnlos, im Grunde nur als Analogie verstanden, wenn auch mein eigenes Tun jeglichen Sinn verloren hat. Vielmehr müsste ich das Spiel mit Schillers Worten zu verstehen greifen: »... der Mensch spielt nur, wo er in voller Bedeutung des Wortes Mensch ist, und er ist nur da ganz Mensch, wo er spielt.«[150] Ich müsste also nicht nur das Kind mit ganz anderen Augen betrachten, sondern auch mich selbst.

Ich käme dann auch dahin, dass der Geist – ebenso wie das Gasförmige – keine Grenzen kennt.

Wird nun aber das Gasförmige, wer es denken kann, der Geist, in die Materie gezwungen, verändert sich das. Das Flüssige, im Grunde das Lebendige, lässt noch vieles zu. Der Geist kann sich noch bewegen. Nicht aber das Feste.

Eine einfache Analogie, eine die sich bei Damasio gar nicht erst finden lässt, ergibt das Folgende: Wenn ich als Künstler eine Plastik erschaffen will, dann ist da zuerst die Idee. Erst dann kommt die Formung, meine Idee beginnt sich zu inkarnieren. Niemand käme wohl auf die Idee in diese Formung einzugreifen. Beim kleinen Kind aber tun wir das ständig! Alle Schäden, die nicht aus meiner vererbten Leiblichkeit resultieren, sind damit Schädigungen jenes Eingreifens. Sie sind eine Schwächung, auch

---

[145] Rudolf Steiner: *Individuelle Geistwesen und ihr Wirken in der Seele des Menschen.* R. Steiner Verlag, 1966 – S. 58;
[146] Antonio Damasio: *Selbst ist der Mensch.* Pantheon 2013 – S. 25; [147] Benedetto Croce: *Geschichte Europas im 19. Jahrhundert.* Insel, 1993 – S. 230; [148] Rudolf Steiner: *Menschliches Seelenleben und Geistesstreben.* R. Steiner Verlag, 1998 – S. 89; [149] Rudolf Steiner: *Die Entwicklung des Menschenwesens,* R. Steiner Taschenbuchverlag, 1985 – S. 20;
[150] Friedrich Schiller: *Über die ästhetische Erziehung des Menschen.* Reclam, 2000 – S. 62

gegen spätere Einflüsse aus der Umwelt. Deshalb fordert Steiner auch: »… wir dürfen nicht unpraktisch hineintapsen in das, was da das Kind so vollzieht, dass es eben tut, was es will, […weil] alles, was wir in der Nähe des Kindes tun, auf das Kind einen Eindruck macht, […] dass dasjenige, was später seelisch ist, beim Kinde noch organisch wirkt. […] dass wir daher die ganze Gesundheits– oder Krankheitsanlage eines Kindes durch unser eigenes Verhalten in diesem Lebensalter bestimmen.«[151]

Hierher gehören auch alle Schmerzen, sie sind der Widerstand des Festen gegenüber dem Geist.

Das kann dadurch geschehen, dass Kinder hinfallen und sich wehtun, dies ist eine natürliche Leibeserfahrung. Ganz anders, wenn wir Erwachsenen eingreifen. Wir greifen ein in das Wollen des Kindes. In jenes Wollen, das wir nicht einmal an uns selbst ergründen können.

Je mehr wir nun aber in den Willen – in das höhere Ich des Kindes – eingreifen, je mehr wird dieser äußerlich plastizierende Eingriff zu einer Behinderung für ein ganzes Leben.

Das kleine Kind schreit jetzt vielleicht. Das tut es deshalb, weil es diesem Widerstand, diesem Eingreifen, noch nichts anderes entgegenzusetzen vermag. Bis es gebrochen ist!

Die Begriffe, die wir dafür haben, entziehen sich dieser Brutalität, sie kommen gelehrt und leer zugleich daher, sie heißen Sozialisation und Anpassung oder Moralerziehung.

Erst mit wachsendem Erkenntnisvermögen, kann ich mir bewusst machen, dass dieser Leib mein Schicksal ist. Deshalb verliert sich auch die kindliche »Sorglosigkeit« zunehmend.

Wenn ich zulassen kann, dass der Mensch die agierende Idee selbst ist, dass ich selbst die Idee bin, die ich lebe, dann komme ich auch an dem Gedanken nicht mehr vorbei: in dem kleinen Kind formt das höhere Ich am Leib des Kindes, wie der Geigenbauer, der mit seinem Geist und Geschick eine Geige baut.

Das wusste auch schon Rousseau: »Um eine Kunst zu üben, muss man damit anfangen, dass man sich die dazu nötigen Werkzeuge anschafft, und um diese Werkzeuge nützlich anwenden zu können, muss man sie so haltbar machen, dass sie beim Gebrauch nicht zerbrechen. Um denken zu lernen, müssen wir folglich unsere Glieder, unsere Sinne, unsere Organe üben, welche die Werkzeuge unseres Verstandes sind.«[152]

Logisch kann damit auch werden, was Rudolf Steiners dazu zu sagen hatte: »Vor dem Zahnwechsel ist an dem Kinde wirklich deutlich noch wahrzunehmen, wie dasjenige nachwirkt, richtig nachwirkt, was das

Kind als Lebensgewohnheiten vor der Geburt, beziehungsweise vor der Konzeption in dem vorirdischen Leben in der geistigen Welt hatte. Der Körper des Kindes tut da fast so, als ob er Geist wäre; denn der Geist, der heruntergestiegen ist aus der geistigen Welt, ist noch voll tätig in dem Kinde in den ersten sieben Lebensjahren.
Sie werden sagen: Schöner Geist! Der ist ja ganz und gar tobsüchtig geworden, denn das Kind tobt, es benimmt sich ungeschickt, kann doch nichts. Das soll alles der Geist sein vom vorirdischen Leben? Ja, denken Sie nur daran, wenn Sie ganz ausgebildete, geschickte Menschen wären und plötzlich verurteilt wären, fortwährend in einem Raum, sagen wir von 62 Grad Celsius zu leben, Sie könnten es nicht.
Sie könnten das noch weniger, als der Geist des Kindes, der heruntergestiegen ist aus den geistigen Welten und sich jetzt in irdischen Verhältnissen benehmen soll […]. Weil er in eine ganz andere Welt versetzt ist, weil der Geist plötzlich, was er vor dem Erdenleben nicht hatte, einen Leib an sich zu tragen hat, benimmt er sich so, wie sich das Kind eben benimmt.«[153]
Freilich kann ich das alles als Unsinn abtun. Aber Unsinn ist für mich das Unlogische und nicht Beobachtbare. So wie die Erklärung, die Welt bestünde nur aus kleinen Atomen. Weder ist das logisch, noch kann ich das beobachten.[154]
Was ich aber beobachten und erleben kann, so bei älteren Menschen, ist, dass diese wieder aufhören achtsam zu sein auf ihren Körper. So vergessen sie zu trinken, weil sie den Durst nicht mehr spüren.
Könnte es sein, dass der Geist, das höhere Ich also, längst dabei ist diesen Körper wieder zu verlassen? Jedenfalls schließt sich hier ein Kreis, eines kommenden und gehenden Geistes.
Wer es indessen nicht ganz so hat mit dem Geist, eigentlich wäre das dann ja geistlos, dem kann dann möglicherweise Max Stirner eine entsprechende Stütze sein: »Bildet man unsere Anlage, Schöpfer zu sein, gewissenhaft aus, oder behandelt man uns nur als Geschöpfe, deren Natur bloß eine Dressur zulässt?«[155]
Ich kann auch noch weiter zurückgehen in der Menschheitsgeschichte, dann findet sich ein solches Wissen auch im Buch des Mesnevi: »Wäre in Mensch ein Mensch für seine äußere Form, so wäre kein Unterschied zwischen Ahmad und Abu Dschahl. Das Bild an der Wand gleicht einem Menschen. Betrachte die Form und sieh, was ihm fehlt. Der Geist fehlt dieser prächtigen Form.«[156]

Versucht nicht irgendetwas zu werden.
Osho

151 *ebenda 149.* – S. 124; **152** Rousseau: *Emile.* Anaconda, 2010 – S. 202; **153** Rudolf Steiner: *Die Kunst des Erziehens.* R. Steiner Taschenbuchverlag, 1990 – S. 15; **154** *Wieso ein Atom sich einfallen lassen sollte Gefühle zu zeigen oder überhaupt anzufangen zu denken, bleibt ebenso unerklärlich, wie die Tatsache, dass es sich dabei nur um eine Theorie handelt. Ich könnte an die Stelle dieser Theorie ebenso Gott setzen. Nur wäre Letzteres stimmiger.* **155** Max Stirner: *Das unwahre Prinzip unserer Erziehung.* R. Geering Verlag, 1997 – S. 19; **156** Dschalaluddin Rumi: *Das Mesnevi.* Barth, 1997 – S. 78

12. Lebenszeit und Rhythmus

Zeit ist ein ausschließlich inneres Erleben. Eine veräußerlichte Zeit gibt es nicht. Das, was wir äußere Zeit nennen, ist nur eine künstlich geschaffene Taktung. Diese künstlich geschaffene Taktung, zusammen mit einem materialistischen Denken, einem materialistischen Menschbild, realisiert sich zu kleinen Maschinen, die wir Uhren nennen und die fortan den Menschen bestimmen und selten umgekehrt. Zeit ist Veränderung, erlebte Veränderung.

Ähnliches findet sich auch bei Rudolf Steiner: »Im gewöhnlichen gegenständlichen Erkennen haben Sie ja die Zeit überhaupt nicht gegeben. Sie messen ja die Zeit durch lauter Raumgrößen, und Veränderungen in den Raumgrößen sind die Erkennungsmittel für dasjenige, was dann als Zeit gilt. [...] Sie messen sonst immer die Zeit nach dem Raum. Das ist nicht der Fall in dem Augenblick, wo Sie zum wirklichen Erleben der Zeit übergehen.«[157]

Manchmal besinnen sich auch Menschen ein wenig und sprechen dann von einer inneren Uhr. Aber diese innere Uhr ist im Grunde ebenso dreigeteilt wie der Mensch, in Körper, Seele und Geist. Das genau beschreibt Steiner mit den folgenden Worten: »Eine wirkliche Vorstellung von der Zeit verschaffen sich heute die wenigsten Menschen. Und noch weniger verschafft man sich eine wirkliche Vorstellung von den verschiedenen Geschwindigkeiten – also jetzt nicht Zeiten, sondern Geschwindigkeiten –, die im Seelisch-Geistigen herrschen. Unser seelisches Leben beruht darauf, dass zum Beispiel das Denken, das Vorstellen, mit einer ganz anderen Geschwindigkeit abläuft als das Fühlen, und dieses wiederum mit einer ganz anderen Geschwindigkeit als das Wollen.«[158]

Aber in einer Welt, in der inneres Verstehen mehr und mehr verloren geht und an dessen Stelle sich ein angelerntes, also nur äußeres Wissen setzt, trauen viele Menschen nicht einmal mehr ihren eigenen Empfindungen. Was erlebe ich denn in mir, in Bezug auf die Zeit? Doch kein gleichmäßig getaktetes Vergehen, sondern eine immer unterschiedliche Empfindung. Zehn Minuten können mir unendlich lang und viele Stunde wie im Fluge vergehend erscheinen. Auch wenn ich längere Zeit verreise, vergesse ich regelmäßig die Wochentage.

So schreibt auch Orna Donath: »In modernen, auf der kapitalistischen Wirtschaftsordnung beruhenden westlichen Kulturen stellen wir uns die Zeit als gleichförmig, standardisiert und absolut vor, als einen linearen Fortschritt, der eine aktuelle Stelle – die Gegenwart – kennt und sich

auf einer Geraden unumkehrbar und unaufhaltsam von der unveränderlichen Vergangenheit hin zu einer weit geöffneten, kontinuierlichen Zukunft zu bewegen scheint. [...] Unsere Alltagsroutine ist tief in die lineare Wahrnehmung der Zeit eingebettet.«[159]
Dieses lineare Denken entspringt einem einseitigen Welt- und Menschenbild. Eines Denkens, was überall dort halt macht, wo Mensch und Welt eigentlich erst beginnen. Beim Geist.
Ein Denken, welches im Grunde alles materiell Unerkennbare ausschließt, so den Wind, das Licht, das Leben, die Empfindungen und schließlich sogar das Denken selbst.
Ernst Cassirer macht diese Einseitigkeit an einem Vergleich zwischen Mystik und Moderne deutlich: »Für den Gang, den die theoretische Erkenntnis, den die Mathematik und die mathematische Physik nimmt, ist bezeichnend, [dass] die Zeit nicht nur in all ihren Einzelbestimmungen auf den Begriff der reinen Zahl bezogen [wird], sondern sie scheint zuletzt ganz in ihm aufzugehen. [...] Für die mystisch-religiöse Weltansicht aber wird die Zeit niemals zu einem derartigen gleichförmigen Quantum.«[160]
Kant muss diesen Widerspruch geahnt haben, wenn er schrieb: »Zeit und Raum [...] sie sind nämlich beide zusammengenommen reine Formen aller sinnlichen Anschauungen und machen dadurch synthetische Sätze a priori möglich.«[161]
Sein Fehler war nur, dass er sie einfach als a priori, also von vornherein gegeben, in die Welt gesetzt hat. Darauf hat er dann seine ganze Lehre aufgebaut, ohne zu bemerken, dass auch Raum und Zeit das Denken voraussetzt. Dass das Denken die Begriffe von Raum und Zeit erst hervorbringt, dem konnte Kant nicht beikommen und so versetzte er beide einfach außerhalb des Menschen, ja der erfahrbaren Welt überhaupt, ebenso wie auch seine Moralvorstellungen.
So schreibt er schließlich: »... Zeit selbst verändert sich nicht, sondern etwas das in der Zeit ist.«[162] Doch wenn sich die Zeit selbst nicht verändern soll, dann ist sie nicht. Richtigerweise müsste sie dann Ewigkeit heißen, auch das verkannte Kant.
Wenn ich nun Zeit als ein ausschließlich inneres Erleben fasse, dann fällt auf, dass diese Zeit kein einseitiger Strom ist, sondern vielmehr aus zwei Richtungen drückend, den Augenblick ausmacht. Das Erste ist der Veränderungsdruck, das Letztere die Nostalgie oder besser der Kummer des Unwiederbringlichen oder auch der Liebeskummer. Zeit gleicht also einem Doppelstrom, dessen Kulminationspunkt das »Jetzt« ist.

---

[157] Rudolf Steiner: *Die vierte Dimension.* R. Steiner Verlag, 1995 – S. 214; [158] Rudolf Steiner: *Die Ergänzung der heutigen Wissenschaften durch Anthroposophie.* R. Steiner Verlag, 1987 – S. 50; [159] Orna Donath: *Wenn Mütter bereuen.* Knaus, 2016 – S. 74; [160] Ernst Cassirer: *Philosophie der symbolischen Formen.* meiner, 2010 – S. 140; [161] Immanuel Kant: *Kritik der reinen Vernunft.* meiner, 1998 – S. 114; [162] ebenda – S. 116

13. Lebendige Zeiten

Ganz anders, wenn ich aufhöre in getakteten Abläufen zu denken. Was, wenn zum Beispiel Öffnungszeiten und Dienstpläne erst aus dem Tun der Menschen entstehen würden?
Also genauso wie Zahlen zu etwas Nachbetrachtenden werden würden. Dann könnte ich eben erst am Ende eines Tages sagen: dieses Geschäft hatte heute diese Öffnungszeiten. Mit anderen Worten: Geöffnet ist, wenn es jemanden gibt, der öffnen will.

13.1. Der erste Gewinn

Der erste Gewinn dabei wäre, dass ich fortan nur noch Menschen gegenübertreten würde, die wirklich da sein wollen. Menschen, die das, was sie tun, wirklich lieben. Nicht des Geldes oder eines Dienstplanes wegen.
Wir würden uns wieder als Menschen begegnen und nicht in Rollen. Was ich wirklich tun will, hat eine anziehende Wirkung auf mich. Ebenso wie der noch zu betrachtende Termin, auf den ich mich freue.
Dies erkannte bereits Charles Fourier, wenn er schrieb: »Aber da wir die anziehende Arbeit nicht kennen, sind wir nichts weiter, als eine Gesellschaft von Galeerensträflingen.«[163]

Termine
Ich will das an einem simplen Beispiel deutlich machen: Wenn ich mich auf ein bestimmtes Ereignis freue, das an einen bestimmten Zeitpunkt geknüpft ist, dann kann ich den Eintritt dieses Momentes kaum erwarten. Ein Termin also, auf den ich mich freue, strahlt diese Freude aus der Zukunft kommend in die Gegenwart hinein, die sich dann in die Erfüllung hineinversinkt. Wir sagen dazu manchmal: Vorfreude – schönste Freude.
Ganz anders ein Termin, den ich nur befolge. Dieser entzieht mir die Freude regelrecht und löscht sie im Moment seines Eintretens gänzlich aus.
Solche Termine sind auch Prüfungen und Vorführungen (im Gegensatz zu Aufführungen), also alle nicht aus sich (oder aus mir) heraus entstehende Momente.
Zu den Prüfungen schreibt Kathrin Schuster: »… wenn jemand die Praktikantin überhaupt bewerten könnte, dann wäre es die Praktikantin, die sich selbst in den Blick nimmt … niemals aber jemand anderes … es ist falsch und eines Menschen unwürdig, bewertet zu werden und nur, weil es Schulen so handhaben und es immer wieder von uns getan wird, wird es nicht richtig. … Ich kenne niemanden, der jemals geäußert hat, dass

er es liebt, geprüft und anschließend bewertet zu werden. … Gut fühlen sich höchstens die Prüfer und die Bewerter und das halte ich auch für äußerst bedenklich.«

Auf Ähnliches kam schon Adam Smith. Obwohl er behavioristisch dachte und den Menschen als leeres Fass ansah, dass erst durch »… Lebensweise, Gewohnheit und Erziehung …«[164], gefüllt wird, begegnete er dennoch langen Ausbildungszeiten wie folgt: »Die Anordnung einer langen Lehrzeit kann keine Sicherheit dafür gewähren, dass nicht oft unzulängliche Arbeit zum Verkauf ausgeboten wird. Wenn dies geschieht so ist gewöhnlich Betrug daran schuld; gegen Betrug aber kann auch die längste Lehrzeit keinen Schutz bieten.«[165]

Über das Leid des Gefallenwollens schreibt auch Eva Schloss: »Als ich aufgeregt nach vorne ging, herrschte in meinem Kopf völlige Leere, […] fingen meine Knie an zu schlottern, meine Augen wurden glasig und mein Mund trocken.«[166]

Termine und Vertrauen
Carl R. Rogers stellt sich folgende Frage: »Kann ich irgendwie so sein, dass der andere mich wirklich als vertrauenswürdig, verlässlich und beständig wahrnimmt? […] Früher meinte ich, wenn man alle äußeren Bedingungen der Vertrauenswürdigkeit erfülle – [so] Termine einhalten […] dann sei diese Bedingung erfüllt. [Doch] ich bin zu der Erkenntnis gekommen, dass Vertrauenswürdigkeit nicht heißen kann, sich auf gleichmäßige Verlässlichkeit zu versteifen, vertrauenswürdig bedeutet ehrlich.«[167]

Und nur unter diesen Bedingungen, der Ehrlichkeit zu mir und zum anderen, kann ich überhaupt immer nur ich selbst sein. Was aber auch für mein Gegenüber bedeutet: dieser Mensch steht mir wahrhaftig gegenüber und nicht sein Schein.

So stellt Rogers schließlich auch fest: »Wenn das so ist, dann bin ich in dem Augenblick eine einheitliche, integrierte Persönlichkeit und kann dann auch das sein, was ich immer schon im tiefsten bin.«[168]

27.7.20

Wahrheit und Vertrauen
Ich bin zu der Erkenntnis gekommen, dass, wenn ich wahrhaftig bin, ich zugleich wahr bin. Das bedeutet, es kommt überhaupt gar nicht darauf an, ob das, was ich sage oder tue immer richtig ist, sondern ausschließlich, ob es diesen meinem Moment ganz entspricht.

---

163 Charles Fourier: Aus der neuen Liebeswelt, Wagenbach 1977 – S. 170; **164** Adam Smith: *Vom Reichtum der Nationen*. Voltmedia – S. 20; **165** *ebenda*. – S. 129; **166** Eva Schloss: *Amsterdam 11. Mai 1944*. Eckhaus, 2015 – S. 46; **167** Carl R. Rogers: *Entwicklung der Persönlichkeit*. Klett Cotta, 13. Auflage, 2000 – S. 64; **168** Carl R. Rogers: *Entwicklung der Persönlichkeit*. Klett Cotta, 13. Auflage, 2000 – S. 65

Dann aber wäre nicht jede Aussage oder jedes Tun für sich entscheidend, sondern ob ich in jedem Augenblick meiner eigenen Idee folge. Offen und unverstellt.

Mein Anliegen wäre also niemals, andere Menschen zu täuschen oder zu beeinflussen, sondern ausschließlich immer ich selbst zu sein.

Am Schönsten liest sich diese Ansicht bei Rudolf Steiner, wenn er Sokrates zitiert: »Alles was wir mit den Sinnen des Leibes wahrnehmen, entsteht und vergeht. Und dieses Entstehen und Vergehen bewirkt eben, dass wir betrogen werden. [...] Also bieten uns die Sinne nicht das Ewige in seiner wahren Gestalt. Sie sind in dem Augenblicke Betrüger, wenn wir ihnen unbedingt vertrauen. Sie hören auf uns zu betrügen, wenn wir ihnen die denkende Einsicht gegenüberstellen. [...] Wie könnte aber die denkende Einsicht über die Aussagen der Sinne zu Gericht sitzen, wenn in ihr nicht etwas lebte, was über die Wahrnehmungen der Sinne hinausgeht? Also was wahr und falsch an den Dingen ist, darüber entscheidet in uns etwas, was sich dem sinnlichen Leibe entgegenstellt, was also nicht seinen Gesetzen unterworfen ist. [...] Nun kann aber das Wahre nicht ein Gestern und Heute haben; es kann nicht einmal dies, das andere Mal jenes sein, wie die sinnlichen Dinge. Also muss das Wahre selbst ein Ewiges sein.«[169] Was könnte aber wahrer sein als die Wahrhaftigkeit selbst. Damit bin ich wieder angekommen, bei meinem ICH, bei dem Ewigen und im Grunde auch bei der Reinkarnation.

13.2. Der zweite Gewinn

Was als nächstes deutlich werden sollte, ist, dass es dann keine Arbeitsorte mehr gäbe. Zeit würde wieder Menschlichkeit bedeuten. Wäre wieder dahin zurückgekehrt, wo sie einzig zu finden ist, im Menschen selbst. Aus Takt würde wieder Rhythmus werden. Und Begriffe wie »Urlaub«, etwas, was mir von außen gegeben wird, sonst hat ein solcher Begriff keinen Sinn, könnten nach und nach aus unserem Sprachgebrauch verschwinden.

14. Die Umstülpung

Bei Rudolf Steiner findet sich: »Dann wird die Zeit kommen, wo man die Arbeit nach dem Menschen richten wird. Heute richtet man die Arbeit nach den Maschinen. [...] Nicht dasjenige, was von den Maschinen

kommt, ist die Hauptsache, sondern der Mensch ist die Hauptsache.«[170]
Das erkennt auch Alice Berg, »… weil Arbeit zu einem Ethos geworden ist, das nicht mehr dem Menschen dient, sondern ihn beherrscht.«[171]
Aus Angst erschaffen Menschen Haushaltspläne, aus Angst werden Dienstpläne erschaffen. Wenn ich statt in vorgegebenen Zeiten in frei gewählten Zeiten zu denken beginne, kommt mir gar nicht in den Sinn, an irgendein Chaos zu denken.
Menschen wollen etwas tun. Ich strebe als Mensch nach meiner Selbstverwirklichung. Wenn ich dieses, zunächst nichtssagende Wort, dergestalt in Verbindung bringen kann, dass ich selbst die agierende Idee bin, dann kann ich jetzt sagen, dass Selbstverwirklichung nichts anderes ist, als das Verfolgen meiner eigenen Idee.
Da diese Idee mir aber nicht bekannt ist, kann sie keinen irdischen Urgrund haben, denn die Idee selbst ist Geist. Dazu Steiner: »Es ist ein verhangenes Allerheiligstes im Menschen, was mit seinem Selbstbewusstsein bezeichnet wird. Wer sich das klar macht, der sieht ein, dass mit diesem Worte eigentlich der Sinn des Daseins ausgedrückt wird.«[172]
Auch Albert Einstein schreibt: »Was die Menschheit Persönlichkeiten wie Buddha, Moses und Jesus verdankt, steht mir höher als alle Leistungen des forschenden und konstruktiven Geistes.«[173]
Ich erwähne diese Stelle deshalb, weil, wenn ich von irgendwem sprechen wollte, von dem ich glaube, dass er seine Idee vollumfänglich gelebt hat, dann wären es auch diese drei.
Und wenn ich nun noch Individualität als Genialität verstehe, denn diese beiden Begriffe sind für mich identisch, dann wäre die Folge dieser Umstülpung zunächst in unserem Denken und letztlich in unseren Taten – eine geniale Welt! Dem noch heute vorherrschenden Denken begegnet Rudolf Steiner deshalb auch wie folgt: »Bisher war es nur ein Zufall, wenn ein Einzelner sich voll aus sich heraus hat entwickeln können.«[174]

14.1. Die umgestülpte Idee – die Depression

Was mich als Mensch ausmacht, ist diese ständige Unruhe meines Werdens, also nicht mein Sein. Hegel kleidet dies in die für mich wunderbarsten Worte: »Das reine Sein und das reine Nichts ist dasselbe. Was die Wahrheit ist, ist weder das Sein noch das Nichts, sondern dass das Sein in Nichts und das Nichts in Sein – nicht übergeht – sondern übergegangen ist. […] Ihre Wahrheit ist also diese Bewegung des unmittelbaren Verschwindens des einem in den anderen.«[175]

---

[169] Rudolf Steiner: Das Christentum (GA 8), R. Steiner Taschenbuchverlag 1989 – S. 58; [170] Rudolf Steiner: *Rhythmen im Kosmos und im Menschenwesen*. R. Steiner Verlag, 1980 – S. 68; [171] Alice Berg; Klaus Antes (Herausgeber) *Erziehung zur Anpassung*. Heyne Broschur, 1973 – S.234; [172] Rudolf Steiner: *Luzifer-Gnosis*. R. Steiner Verlag, 1960 – S. 133; [173] Albert Einstein: *Briefe*. Diogenes, 1981 – S. 67; [174] Rudolf Steiner: Methodische Grundlagen der Anthroposophie, R. Steiner Verlag, 1989 – S. 151; [175] Georg Wilhelm Friedrich Hegel: *Wissenschaft der Logik – Das Sein*. meiner, 1999 – S. 48

Was bedeutet dieses Werden? Ich werde, weil etwas will. Mein Wille. Dies beschreibt Steiner in Bezug auf Eduard von Hartmann so: »Man muss sich also vorstellen, dass den bewussten Ideen des menschlichen Geistes ein unbewusstes Ideelles in der Wirklichkeit entspricht. Der bloße Ideengehalt der Dinge könnte aber niemals ein wirkliches Geschehen in ihnen hervorbringen. Die Idee einer Kugel kann nicht die Idee einer anderen Kugel stoßen. [...] Der Mensch findet in der eigenen Seele eine Kraft, durch die er seinen eigenen Gedanken, eigenen Entschlüssen Wirklichkeit verleiht, den Willen.«[176]

Das ist wohl auch der Grund, warum Arthur Schopenhauer diesen Willen gleich zur Grundlage der ganzen Welt erklären will: »... diese alle nur in der Erscheinung für verschieden, ihrem inneren Wesen nach aber als das Selbe zu erkennen, [...] was da, wo es am deutlichsten hervortritt, Wille heißt. [...] Er ist das Innerste, der Kern jedes Einzelnen und ebenso des Ganzen.«[177]

Für Schopenhauer war damit alles bereits bestimmt und unveränderbar. Dies durchzog seine ganze Einstellung zum Leben: »Die Welt ist nur der Spiegel dieses Wollens [...] Und wie der Wille ist, so die Welt. [...] Will man wissen, was die Menschen [...] wert sind: so betrachte man ihr Schicksal, im Ganzen und im Allgemeinen. Dies ist Mangel, Elend, Jammer, Qual und Tod.«[178]

Wer die Welt vernünftig ansieht, den sieht sie auch vernünftig an.
Hegel

Indem Schopenhauer die Welt auf einen kalten Willen reduziert, verliert er den Menschen selbst und mit ihm seine Einmaligkeit.

Doch auch wenn ich den Menschen nur dem Begriff nach als Individualität betrachte, kann ich ihn nicht erreichen. Klaus Hurrelmann drückt dies wie folgt aus: »Für die soziale Identität wird von einem Menschen verlangt, sich den gesellschaftlichen Erwartungen unterzuordnen [...]. Für die persönliche Identität wird dagegen erwartet, sich wegen der unverwechselbaren inneren Realität von allen anderen Menschen zu unterscheiden.«[179]

Erst also, wenn ich dieses Werden genauso mannigfaltig zu erleben verstehe, wie die Daumenabdrücke von Millionen von Menschen, komme ich dem Phänomen – der Idee des Menschen – näher. Doch diese Idee ist nichts Physisches.

In Bezug auf den heranwachsenden Menschen lässt dies Steiner zu folgender Aussage bringen: »Niemals wird sich der Wille eines Menschen [...] gesund entwickeln, wenn er nicht tiefdringende religiöse Impulse [...] durchmachen kann. [...] Fühlt sich der Mensch nicht mit sicheren Fäden angegliedert an ein Göttlich-Geistiges, so müssen Wille und Charakter

unsicher, uneinheitlich und ungesund bleiben.«[180] Ein Denken, welches den Geist ausschließt, muss diese Idee, also die agierende Idee eines jeden einzelnen Menschen selbst, zur Psyche verklären.
Diese reine Worthülse aber macht nicht nur die Individualität platt, sondern löscht auch den Geist aus, indem dieser Begriff versucht, den Geist hinabzuziehen in ein rein materialistisches Denken.
Doch mein Denken ist nicht losgelöst von mir. Oder anders: ich nehme Gedanken auf. Doch ebenso, wie wenn ich etwas mir nicht Entsprechendes zu mir nehme, ich dadurch erkranke, so auch durch mein Denken.
Wenn ich mich also nicht frage, ob es mir gut tut, jeden Morgen um sechs Uhr aufzustehen, obwohl ich noch müde bin, um mich anschließend in einer Vorlesung zu langweilen, einem Job nachzugehen, der mir keine Freude bereitet, weil ich glaube, Geld verdienen zu müssen oder irgendeine Anerkennung erhoffend, tue ich dies wider meiner inneren Idee.
Diese Bewegung aber, dieses Verbiegen wider meiner Selbst, erzeugt eine ebensolche Gegenbewegung in der Welt und diese allgemeine Vorstellungswelt verbiegt schließlich auch mich selbst.Diese Anstrengung wider meiner Idee ist von Anfang an Überforderung, Stress, Depression.
Es ist ein ständiges Verzehren meiner Natürlichkeit, meiner Individualität, an deren Stelle sich Funktionalität und Anpassung setzen.
Stress, Überforderung, Burnout und Depression sind keine Krankheiten, sondern nur eine Art Seismograph des Spannungsverhältnisses zwischen meinem eigenen Weg und jenem, den ich zwar gehe, der mir jedoch nicht entspricht.
Es ist mithin ein unvermeidliches Herausfallen aus einer mir widersprechenden Oberflächlichkeit in ein Loch, das ich selber bin. Je tiefer, je weiter ich mich von mir entfernt habe. Das heißt, je weniger ich den Sinn (den Zweck) meines Lebens selbst bestimmt habe.
Es ist, als ob das Leben die Funktionalität durchbricht und es wird dort auf fruchtbaren Boden fallen, wo noch ein Rest an »Mensch sein« vorhanden ist. Es ist also mithin ein Zurückfallen ins Leben!
Ich möchte es als »Ent-Ich-ung« bezeichnen, eine Art Betäubung und Entäußerung meiner selbst, die ich selbst herbeigeführt und zugelassen habe. Und ebenso, wie ich mich mit etwas »anstecken« kann, so nehme ich auch Funktionalität und Anpassung als Krankheiten wider meines Selbst auf. Depression, Aggression und was immer ich mir noch für Begriffe bilde, sind damit auch ein Zweifeln an der Sinnhaftigkeit der Welt und an dem Sinn des Lebens überhaupt und damit in ihrer letzten Instanz der Zweifel an mir selbst.

---

[176] Rudolf Steiner: *Luzifer-Gnosis*. R. Steiner Verlag, 1960 – S. 250; [177] Arthur Schoppenhauer: *Die Welt als Wille und Vorstellung*. Anaconda, 2009 – S. 114; [178] ebenda. – S. 313; [179] Klaus Hurrelmann: *Einführung in die Sozialisationstheorie*. Beltz, 8. Auflage, 2002 – S. 99; [180] ebenda ▶176 – S. 339

14.2. Der verlorene Weg
Auch wenn ich ein Ziel habe, kann ich mich dennoch verlaufen. Dass dies geschieht, ist fast unvermeidlich. Wesentlich ist nur, dass ich es erkenne. Doch wenn ich nicht einmal selbst weiß, wohin mein Weg führt, wie könnte ich dann überhaupt erkennen, dass ich mich verlaufen habe?

Nun, wenn ich nach der Wärme des Südens strebe, aber Richtung Norden unterwegs wäre, dann würde ich es dadurch erkennen können, dass es statt wärmer zu werden, kälter wird.

Damit wäre aber nun jede Störung zugleich eine Erkenntnis. Dem entgegen steht eine vorherrschende Harmoniesucht. Sie will die Störung in die Idee der Harmonie zwingen.

Doch Harmonie lässt sich nicht erzwingen, sondern sie entsteht ausschließlich durch ein Zusammenklingen von Idee und Wirklichkeit.

Ich könnte auch sagen, solange wir den gleichen Weg verfolgen, sind alle Wegweiser unsere Freunde.

In Bezug auf mich selbst, ist es mein eigener Weg. Ich bin selbst der Wegweiser. Geht es mir gut, fühlt sich das gut an, was ich mache?

Bei Antoine de Saint-Exupéry findet sich das Folgende: »Der Spatenstich des Strafgefangenen ist entehrend und hat nichts gemein mit dem Spatenstich des Goldsuchers, der ihn adelt. Das Zuchthaus ist nicht überall, wo Spaten in die Erde getrieben werden, [...] es ist nur da, wo Spatenstiche ohne Sinn getan werden. [...] Dem Zuchthaus wollen wir entfliehen.«[181]

Wenn ich das einmal erkannt habe, warum versuche ich dennoch nicht danach zu leben? Die Umstände können es nicht sein, die mich daran hindern, denn sie sind selbst erst von Menschen gemacht worden.

Und auch Rudolf Steiner mahnt: »... wie im Grunde genommen nur der mangelnde Wille zur Wahrheit die Menschen nicht zum wahrhaften Verfolgen des Weges kommen lässt.«[182]

15. Das frei entstehende Gehalt

Ich will, um das nachfolgende zu verdeutlichen, mit einem Zitat von Rudolf Steiner beginnen: »Das Wichtigste alles menschlichen Denkens ist das: den Menschen als auf sich selbst gegründete, freie Persönlichkeit zu begreifen.«[183]

Wenn ich einmal die Idee gefasst habe, nicht vom Geld aus zu denken, nicht den Haushaltsplan, die Öffnungszeiten, den Dienstplan vor das Leben zu stellen, dann ist der Schritt nicht mehr weit zu der Frage: ob denn nicht auch das Gehalt erst durch meine Bewegungen selbst entstehen sollte.

Die gleiche Frage stellt sich auch der Koordinator der brasilianischen Firma Semco, Paulo Pereira: »Ich denke, jeder sollte sein Einkommen selbst festlegen. [...] Warum sollten wir nicht auch unseren Mitarbeitern die Entscheidung darüber überlassen, wieviel sie verdienen? Ist das wirklich ein so großer Schritt?«[184]

Später stellt Ricardo Semmler in Bezug auf die Angst vor Übermäßigkeit der selbstfestgelegten Gehälter, zunächst nur bei seinen Managern, fest: »Unsere Sorgen waren indes unbegründet.«[185]

Vielleicht findet die Firma Semco noch hin zur Mitarbeitergesellschaft, wie ich sie im ersten Heft dieser Reihe beschrieben habe, dann müsste er sich aber auch selbst, als Eigentümer, in Frage stellen. Ich zitiere ihn überhaupt nur, weil sich daran eröffnen kann, dass es nicht ins Chaos führt, den Menschen wieder in den Mittelpunkt zu stellen wie auch die Idee der Abschaffung des Haushaltsplanes nicht in ein Finanzchaos geführt hat, sondern vielmehr erst aus diesem heraus.

Ich halte es sogar für falsch, dass Menschen ihren Geldbedarf selbst bestimmen sollen, weil dies nur eine selbst gesetzte Zahl an die Stelle einer äußerlich ebenso gesetzten Zahl setzt.

Ich halte es sogar für unmöglich, denn ich müsste meine Bewegungen schon im Voraus kennen.

Entscheidend ist für mich nicht, wer das Gehalt bestimmt, sondern dass es entsteht. Und dies kann es nur, wenn es sich wie der Haushaltsplan, die Öffnungszeit, der Dienstplan aus den Bewegungen des Menschen selbst ergibt.

Andernfalls bleibt – wer auch immer das Gehalt bestimmt – das separate Gehalt bestehen. Denn der »Topf« aus dem mein Geld kommt, ist ja dann in jedem Fall bekannt und verteilt. Solange die Einnahmen stabil bleiben, muss ich mich um ihn weder sorgen noch kümmern.

Einige würden bescheiden bleiben, andere sich das möglichste entnehmen wollen. Ein solche Erfahrung macht auch Ricardo Semmler: »Abgesehen von ein paar Dutzend Leuten setzten alle ihre Gehälter so fest, wie es in etwa unseren Erwartungen entsprach. Und in fünf von diesen sechs Ausnahmefällen setzten die Leute ihre Gehälter niedriger an, als wir es ihnen unterstellt hatten. Es war auch gar nicht immer einfach,

---

181 Antoine de Saint-Exupéry: *Wind, Sand und Sterne*. Rauch, 2013 – S. 227 **182** Rudolf Steiner: *Das Markus-Evangelium*. R. Steiner Verlag, 1960 – S. 204; **183** Rudolf Steiner: *Methodische Grundlagen der Anthroposophie*. R. Steiner Verlag, 1989 – S. 210; **184** Ricardo Semmler: *Das Semco System*, Heyne, 3. Auflage, 1993 – S. 243; **185** ebenda – S. 247

sie dazu zu bewegen, ihre Zahl zu erhöhen.«[186] Ganz anders, wenn ich gar nicht weiß, was die anderen Menschen für Bewegungen machen. Dann werden nämlich plötzlich auch die Bewegungen der anderen Menschen zu meinen Bewegungen.

Ich kann gar nicht mehr aus reinem Egoismus handeln ohne Gefahr zu laufen, dass die »Geldquelle« endgültig versiegt.

Es ist ein bisschen so, als würde ich in einer Gemeinschaft zusammen essen und ich dabei auch die anderen mit im Blick habe. Nur dass dies nicht so existenziell wäre.

»Es ist«, schreibt Eugen Drewermann, »ganz sicher viel in unserem Kulturkreis angelegt, um Menschen zu nötigen, sich selber zu verfehlen. Dazu gehört die grausame Überschätzung des Geldes. Wir definieren das, was wir sind, nach dem, was wir haben und umgekehrt müsste es sein, um menschlich zu werden.«[187]

Doch auch bei Drewermann fällt auf, dass er von unfreien Menschen ausgeht. Er ahnt, dass sich etwas ändern muss, aber er verharrt als Prediger besserer Werte und hat damit nur den Ort der Predigt von der Kanzlei in eine Reihe von Büchern verlegt.

Als ich in der ersten Reihe dieser Schrift über das Geld geschrieben habe, wies ich darauf hin, dass das Geld immer dann zu einem lawinenartigen Verhalten neigt, wann immer es freigelassen wird.

Muss es aber folgen, also dem Leben selbst, meinen Eigenbewegungen, so wird es durch seine eigene Homogenität in meinen gelebten Rhythmus gezwungen. Es kann nicht anders.

Anders als bei einem gesetzten Haushalt sind meine Bewegungen nicht gleichmäßig, sondern veränderlich. Dies bedeutet, mein Geldbedarf ist gar nicht gleichbleibend, was schon per se einem immer gleichen Gehalt widerspricht.

Das ist auch der Grund warum das Geld, wenn ich zu wenig bekomme, einen Druck auf mich ausübt, also auf meine Lebensbewegungen und im anderen Fall, wenn ich zu viel davon bekomme, einen Sog. Es beherrscht mich also in beiden Fällen.

Nehme ich nun aber den sich veränderlichen Geldbedarf ernst, dann bedeutet dies, auf viele zusammenwirkende Menschen bezogen, entspricht dieses Phänomen exakt auch dem beschriebenen Wegfall von Haushaltsplänen.[188] Einem Mehrbedarf wird also immer auch ein ausgleichender Minderbedarf entgegenstehen.

Die Idee ist deshalb, jedem Menschen der Mitarbeitergesellschaft freien Zugang zu dem GmbH Konto zu gewähren. Mit einer eigenen EC-Karte, nur für seine privaten Zwecke, so kann schließlich jeder nach seinem Bedarf genau das abheben, was er braucht. Damit schreibt sich jeder Einzelne seinen eigenen Gehaltszettel.

Dem steht noch ein anderes Denken entgegen, es ist ein Denken in Bestimmer und Bestimmte. Es kann den Menschen nicht als die sich selbst agierende Idee begreifen, deshalb muss ein solches Denken die Idee außerhalb des Menschen versetzen.

Da eine äußere Idee aber ohne Halt wäre, löst sie sich auf und braucht fortan auch andere Namen. So Anreiz, Motivation, Konsum oder diesen Begriffen entsprechendes.

Einer, der das in Perfektion gedacht hat und den ich deshalb oft zitiert habe, auch weil seine Aussagen nach wie vor das Denken der Menschen beherrschen, ist Adam Smith: »Wie die reichliche Belohnung der Arbeit den gemeinen Mann zur Fortpflanzung ermuntert, so spornt sie ihn auch zum Fleiße an.«[189] Ganz anders Steiner: »Die menschliche Arbeitskraft wird ein Beherrschendes werden in Bezug auf das Wirtschaftsleben, nicht ein Unterdrücktes, nicht ein Versklavtes.«[190]

Mit anderen Worten, der Bedarf eines Menschen wird dann zu einer ebenso bestimmenden Größe werden, wie die Backzutaten, die ich zum Backen eines Kuchens benötige.

Oder noch anders: wenn ein Goldschmied Gold einkauft, dann bestimmt der Goldpreis seinen Geldbedarf, den er aufwenden muss und somit auch den Preis des Schmuckstückes, welches er daraus fertigt. Wieso sollte nun aber der Goldpreis höher stehen als das Geld, was der Goldschmied selbst für sich benötigt?

16. Die richtige Umgebung

Konfuzius schrieb: »Wenn man verschiedenen Wegen folgt, kann man füreinander keine Pläne schmieden.«[191] Ich selbst habe geschrieben, dass Lebensorte nicht gesetzt werden können, sondern ausschließlich dadurch entstehen, dass die in ihnen wirkenden Menschen einer gemeinsamen Idee folgen. Erkennbar ist das immer auch daran, dass es an jeglichen Irritationen fehlt.

Wenn ich mit einem anderen Menschen zusammen etwas kochen will, entsteht eine Irritation erst dann, wenn mein Gegenüber etwas macht, was dem gemeinsamen Ziel widerspricht.

---

186 ebenda – S. 247; **187** Eugen Drewermann: *Freispruch für Kain*. Topos, 2. Auflage, 1989 – S. 49; **188** Reihe 1 dieser Schrift; **189** Adam Smith: *Vom Reichtum der Nationen*. Voltmedia – S. 86; **190** Rudolf Steiner: *Die soziale Frage*. R. Steiner Verlag, 1977 – S. 70; **191** Konfuzius: *Gespräche*, Phaidon, 1989 – S. 194

Deshalb habe ich versucht deutlich zu machen, dass Irritationen – ich könnte auch Ärger schreiben, dass ist die gesteigerte Form – sich nicht am Tun selbst entzünden, sondern daran, dass sich ein Tun nicht mehr an der gemeinsamen Idee orientiert.

Solange wir Menschen also einer einigenden Ideenwelt folgen, kann es weder Irritationen noch Ärger geben.

Ein »Ja, aber«, als Irritation, ist ein Nachfragen in Bezug auf diese Idee. Die dieser zugrunde liegende Frage lautet dann: Verfolgen wir immer noch dieselbe Idee?

Ein »Ja, aber«, dem der Ärger zu Grunde liegt, damit der Versuch, ein »Nein« in Bezug auf diese Idee zu verschleiern. Ein solches »Ja, aber« nutzt die Zweifel, welche jeden Menschen befallen müssen, der ein noch nie betretenes Terrain zum ersten Mal betritt.

Ein Stehenbleiben bei diesen Zweifeln trägt damit nicht mehr, wie im ersten Fall, nur den Charakter eines nochmaligen Besinnens in sich, sondern bedeutet ein sich festhalten, aufhalten lassen.

Da der Zweifel selbst jedoch gar keine Frage in sich trägt, kann er sich zur Verzweiflung steigern.

Die richtige Umgebung muss also selbst immer wieder neu entstehen. Wie beim Gehen eines Weges sich die Landschaft verändert. Dennoch sind es nicht die Veränderungen, die eine richtige Umgebung ausmachen, sondern es ist die stets gleichbleibende Richtung, die darüber entscheidet, ob eine sich stetig verändernde Umgebung noch die die jeweils richtige ist.

17. Die einige Ideenwelt

Ich bin, wenn ich einmal die Idee eines Dreiecks erkannt habe, mit allen Menschen darüber einig, was ein Dreieck ist. Ich brauche dafür nicht einmal den Satz des Pythagoras, er ist in dieser Beziehung sogar völlig irrelevant.

In welcher Form das Dreieck auch immer auftritt, es bleibt immer nur eine Modifikation, eine individuelle Erscheinung der Idee des Dreiecks. Dies verleitet Kant zu dem Satz: »So werden auch alle geometrischen Grundsätze [...] niemals aus allgemeinen Begriffen [...], sondern aus der Anschauung und zwar a priori mit apodiktischer Gewissheit abgeleitet.«[192]

Was Kant da aus den Augen verloren hatte, war die Tatsache, dass ich ja nicht losgelöst von der Welt bin. Meine Mimik, meine Gestik, alles verwebt sich in einen zumindest äußerlich wahrnehmbaren Zusammenhang. Meine Bewegungen sind Teil der Welt und die Welt ist Teil meiner Bewegungen. Das bedeutet, keine einzige meiner Bewegungen ist losgelöst von dem Weltenganzen. Die ganze Welt macht also diese, meine Bewegungen mit. Wenn ich mir das einmal zum Bewusstsein gebracht habe, dass dies gar nicht anders zu denken ist, dann muss ich nur noch das Denken selbst mit einbeziehen. Damit wird nun aber auch jeder einzelne Gedanke, den ich denke, zum Weltengedanken. Er bleibt also nicht wirkungslos. Oder mit Steiner: »Das Ich lebt durch sein Denken das allgemeine Weltleben mit.«[193]
Wenn ich anders denke, müsste ich das Denken selbst negieren, also als losgelöst vom Weltenzusammenhang betrachten. Erkennbar auch daran, dass große Erfindungen immer von mehreren Menschen gleichzeitig und unabhängig gemacht wurden. Dazu schreibt Judas Phatre (Internetname): »Wir sehen den Erfinder/die Erfinderin als Individuum, so als wäre diese Leistung etwas Einmaliges, an den Körper, das Gehirn eines Einzigen gebunden und niemand sonst könne darauf gekommen sein.«[194]
So kann ich mich dann auch an die Worte von Rudolf Steiner heranwagen: »Warum kann der Mensch zum Beispiel Geometrie ausbilden? [...] Wodurch bildet er die Vorstellung des Dreiecks? [...] Das abstrakte Dreieck, das im konkreten Leben nirgendwo vorhanden ist, rein aus seiner geometrisch-mathematischen Phantasie heraus [...] In Wahrheit ist das eine unbewusst ausgeführte Bewegung, die er im Kosmos vollführt. [...] Der Würfel, das Oktaeder, das Dodekaeder, das Ikosaeder [...] Diese Körper sind nicht erfunden, sie sind Wirklichkeit, nur unbewusste Wirklichkeit. [...] Der Mensch ist recht sehr eingeschaltet in den Kosmos. Indem er die Geometrie ausbildet, bildet er etwas nach, was er selbst im Kosmos tut.«[195]

Richtige Gedanken bewirken Gesundheit, falsche aber Krankheit.
Steiner

Auch in seiner Philosophie der Freiheit beschreibt Rudolf Steiner den Fehler eines dualen Weltbildes: »Die Frage: wie bekomme ich Kunde von dem Baum [...] ist völlig schief gestellt. Sie entspringt aus der Anschauung, dass meine Leibesgrenzen absolute Scheidewände seien ...«[196]
Doch schon mein Atmen widerspricht einem Denken in Scheidewänden. Wo genau soll denn jene Grenze sein, die die Außenluft von der meiner Innenluft scheidet?

---

192 Immanuel Kant: *Kritik der reinen Vernunft.* meiner, 1998 – S. 99; **193** Rudolf Steiner: *Die Philosophie der Freiheit.* R. Steiner Verlag, 1973 – S. 140; **194** http://geschichte-forum.forums.ag/t275-gleichzeitige-erfindungen-der-menschheit-beispiele-grunde, Zugriff: 2016-09-07; **195** Rudolf Steiner: *Allgemeine Menschenkunde.* R. Steiner Verlag, 1992 – S. 56 ff ; **196** Rudolf Steiner: *Die Philosophie der Freiheit.* R. Steiner Verlag, 1973 – S. 104

Hegel beschreibt dies so: »Das Besondere hat mit den anderen Besonderen, zu denen es sich verhält, ein und dieselbe Allgemeinheit.«[197]

Auch David Hume kommt bei seinen Untersuchungen zur Moral auf dieses Verbindende: »... die Menschlichkeit des einen Menschen ist die Menschlichkeit aller, und derselbe Gegenstand berührt diese Leidenschaft in allen menschlichen Geschöpfen.«[198]

18. Geist und Mensch

Dieser Teil soll nur verständlich machen, dass es für uns Menschen eine einige Ideenwelt gibt. Und nur dort können wir uns gänzlich treffen. Eine solche findet sich schon jetzt in der Mathematik und der Geometrie. Aber dorthin können wir nur mit Hilfe des Denkens gelangen.

Kant hatte den Zipfel dieser Ideenwelt bereits in der Hand, aber er hat dem Menschen dieses Erkenntnisvermögen schlichtweg abgesprochen.

Das Denken selbst ist schon eine rein geistige Tätigkeit. Wenn ich es verstehen will, muss ich mich zunächst einmal von dem vorherrschenden Denken über das Denken lösen.

Wie auch das Auge nicht das Licht und das Ohr nicht den Ton hervorbringt, so auch das Gehirn nicht das Denken.

Schon der Begriff »Begreifen« lässt erahnen, dass ich nach etwas greifen muss, um zu verstehen.

Denken ist ein Tätigwerden, und ebenso wie ich bei einer körperlichen Betätigung, wenn ich etwas ergreifen will, meine Muskeln gebrauche, so beim Denken mein Gehirn.

Anders ist auch meine denkende Selbstbestimmung nicht zu fassen. Ich kann ja auch meine Augen nicht mit meinen eigenen Augen sehen. Ich muss mich dazu eines Spiegels bedienen.

Ein solcher Spiegel ist auch das an den physischen Leib gebundene Denken. Ich kann mich darinnen sowohl selbst, als auch die ganze übrige Welt erkennen. Das Denken ist also nicht individuell, sondern universell.

Dies beschreibt Steiner dann auch so: »Diesem Gedanken steht ein schwer zu überwindendes Vorurteil der Menschen gegenüber. Die Befangenheit kommt nicht bis zu der Einsicht, dass der Begriff des Dreieckes, den mein Kopf erfasst, derselbe ist, wie der durch den Kopf meines Nebenmenschen ergriffene.

Der naive Mensch hält sich für den Bildner seiner Begriffe. Er glaubt des-

halb, jede Person habe ihre eigenen Begriffe. Es ist eine Grundforderung des philosophischen Denkens, dieses Vorurteil zu überwinden. Der eine einheitliche Begriff des Dreiecks wird nicht dadurch zu einer Vielheit, dass er von vielen gedacht wird. Denn das Denken der Vielen selbst ist eine Einheit.«[199]
Ich muss mir nun nur noch der Tatsache bewusst werden, dass ein Spiegel nicht die Realität wiedergibt, sondern nur ein Abbild von ihr.
Was sich bei Steiner so liest: »Die Schwierigkeit, das Denken in seinem Wesen beobachtenden zu erfassen, liegt darin, dass dieses Wesen der betrachtenden Seele nur allzu leicht schon entschlüpft ist, wenn diese es in die Richtung ihrer Aufmerksamkeit bringen will. Dann bleibt ihr nur noch das tote Abstrakte, die Leichname des lebendigen Denkens.«[200]
Letzteres ist eben das reine Begriffsdenken. Jenes an mein Gehirn gebundene Denken. Anders, wenn ich meinen rein geistigen Wesenskern, mein Ich, als Teil der Weltenvernunft sehe, dann kann ich erahnen, was Rudolf Steiner mit den nachfolgenden Worten über das Denken auszudrücken versucht: »… seiner lichtdurchwobenen, warm in die Welterscheinung untertauchenden Wirklichkeit.«[201]
Diese Wirklichkeit ist damit zugleich die einige Ideenwelt, ist also das uns Verbindende, sonst können wir uns niemals finden. Doch, so beschreibt Steiner weiter: »Keine andere menschliche Seelenbetätigung wird so leicht zu verkennen sein wie das Denken.«[202]
Es macht keinen Sinn Mitmenschlichkeit, Respekt oder gar Liebe zu predigen, wenn wir uns den Zugang zu dieser Welt verbauen.
Erst wenn wir uns wieder als Erkennende verstehen, die voneinander etwas wissen wollen, werden wir erkennen können, dass das Einfordern von Mitmenschlichkeit, Respekt und Liebe ebenso so töricht ist, als wenn ich von einem Ofen verlangen wollte, dass er von selbst zu brennen anfängt. Wir werden erst dann von innen füreinander brennen, wenn wir uns als eine Menschheit verstehen.
Das ganze Gegenteil davon beschreibt Ernst von Glaserfeld: »Der Konstruktivismus behauptet folglich nicht, dass es keine Welt und keine anderen Menschen gibt, er behauptet lediglich, dass wir diese nur insoweit erkennen können, als wir sie in Form von Modellen selbst konstruieren.«[203] Immerhin gibt Ernst ja zu: »Der Konstruktivismus kann keine Ethik produzieren.« [204]

---

[197] Georg Wilhelm Friedrich Hegel: *Die Lehre vom Begriff.* meiner, 2. Auflage, 2003 – S. 38; [198] David Hume: *Eine Untersuchung über die Prinzipien der Moral,* meiner, 2003 – S. 112; [199] ebenda ▶193 – S. 90; [200] Rudolf Steiner: *Die Philosophie der Freiheit,* R. Steiner Verlag, 1973 – S. 142; [201] ebenda. – S. 142; [202] ebenda. – S. 143; [203] Ernst von Glaserfeld: *Radikaler Konstruktivismus.* suhrkamp, 1997 – S. 224; [204] ebenda. – S. 335

19. Geld und Mensch

Die ersten beiden Schriften dieser Reihe sollen deutlich machen, dass ein Denken vom Geld aus auch den Menschen selbst erfasst.

Wenn ich aber den Menschen nicht als die agierende Idee selbst verstehe, dann führt ein solches Denken, wo immer es auftritt, auch zum Verlust dieser Idee. An dessen Stelle setzt sich das Geld selbst.

Dieses Denken findet sich wieder in einem Denken in Arbeitsorten, einem gut bezahlten Job, in einem Lernen, damit etwas aus mir wird, wo ich doch schon längst etwas bin.

Es findet sich wieder bei Menschen, die Arbeiten ausführen, die ihnen nicht entsprechen, weil sie meinen, das Geld zu brauchen.

Es findet sich wieder in der Jagd nach billigen Einkaufsmöglichkeiten, dem Feilschen um den Preis und schließlich auch im Konsum. Ein solches Denken schafft riesige Einkaufszentren, Billiganbieter und Lebensmittelkonzerne.

Wo dann aber niemand mehr eine Frage an mich hat, denn was gedacht wird, steht ja bereits in der Zeitung, entscheiden die Wissenschaften oder wird im Fernsehen präsentiert, da bleibt schlussendlich wenigstens noch die Frage eines Verkäufers nach meinem Geld.

20. Geld ist bestimmungslos

Die Eigenschaft des Geldes, sich nichts anzunehmen und dennoch für alles stehen zu können, beschreibt schon, wenn auch nur die Zahl betreffend, Georg Wilhelm Friedrich Hegel: »Die Zahl [...] ihr Element ist der gleichgültig gewordene Unterschied.«[205]

Ikea verkauft Einheitsgeschmack. McDonald´s verkauft Einheitsgeschmack. Aber beide sind dennoch nur die Kulminationspunkte des vorherrschenden Denkens. Sie sind – wie viele andere – Massengebilde aus einem Massendenken.

Es mag verrückt klingen, was der Steiner da in die Welt gestellt hat, so auch, »... dass sich zahllose geistige Fäden von Menschenseele zu Menschenseele ziehen [...] dass nicht äußerlich sichtbare Handlungen, sondern innerste Seelenregungen und verborgenste Gedanken auf das Wohl und Wehe, auf die Freiheit oder Sklaverei der Mitmenschen wirken.«[206]

Ob ich nun also einen Plan erstelle, in der Hoffnung, ich könnte das Geld hineinzwingen, wo es mich doch selber erst gezwungen hat, nämlich zum Schreiben des Planes, ist ebenso töricht, wie jene Herangehensweise, die das Geld einfordert, so durch Streiks.

Die erstere Herangehensweise zwingt die Menschen ins Sparen, zum Aufbewahren und degradiert sie zu gegenseitigen »Schnäppchenjägern«, die Letztere lockt sie in die Verschwendung und verspricht ihnen die Erfüllung aller ihrer Wünsche, also in die Verlockung. An der letzten Konsequenz des Lockens steht das Verbrechen, und an der letzten Konsequenz des Aufbewahrens steht der Geiz.

21. Der Mensch als höheres Tier

Ich habe in dieser Schrift von einem Denken in Bestimmer und Bestimmte geschrieben. Ein solches Denken findet sich auch in Streiks und Demonstrationen wieder. In beiden Fällen erkennen ja die Streikenden oder Demonstrierenden, was das Gleiche ist, das vorherrschende Vergabe- oder Beherrscherprinzip erst an und machen sich selbst zu reinen Empfängern. Zu Bittstellern einer äußeren Macht. Diese kann aber auch dann nicht verschwinden, selbst wenn die Mächtigen, die sie anbeten oder zu bekämpfen meinen, verschwinden. Denn an jener Stelle, die eine »Entmachtung« hinterlässt, entsteht ein Vakuum, was nur immer das Gleiche anziehen kann.

So findet sich bei Jean-Paul Sartre: »Als die Arbeiter des Stadtteils Croix-Roussee infolge eines Aufstandes Herren von Lyon geworden sind, wissen sie nicht, was sie aus ihrem Sieg machen sollen, sie gehen verwirrt nach Hause, und die reguläre Armee hat keine Mühe, sie zu überrumpeln.«[207]
Sie erhalten also selbst, was sie doch eigentlich zu bekämpfen meinen müssen.

Ein solches Denken und Handeln entspringt einem materialistischen Menschenbild, welches den Menschen nur als höheres Tier begreift. Eine Art Hefeteig, der darauf hoffen muss, dass ihm günstige Bedingungen zuteilwerden, indem seine ganze Bestimmung schon enthalten ist und nur noch gefördert werden muss.

So beschreibt auch Hans-Hermann Hoppe in seiner Idee von einer anarchokapitalistischen Gesellschaft den Menschen als ein »... vernunftbegabtes Tier«, und schlussfolgert daraus schließlich: »Die Natur des

---

[205] Georg Friedrich Wilhelm Hegel: *Die Wissenschaft der Logik: Das Sein.* meiner, 2. Auflage, 1999 – S. 151 [206] Rudolf Steiner: *Luzifer-Gnosis.* R. Steiner Verlag, 1960 – S. 170; [207] Jean-Paul Sartre: *Das Sein und das Nichts.* rowohlt, 18. Auflage, 2014 – S. 756

Menschen verändert sich nicht.«[208] Eine solche Natur muss dann eben auch gebändigt werden. Dieses Bild entspricht auch den vorherrschenden Vorstellungen von Pädagogik.
Pädagogik wird damit zur Beeinflussung des Alten gegenüber dem Neuen. Nehme ich Individualität ernst, kann niemals irgendwer anders, als der jeweils agierende Mensch selbst, sein Lehrer sein.
Oder mit Steiner: »Nicht zwei Menschen haben ein gleiches Gehirn.«[209] Es gibt keine Pädagogik, es gibt nur Menschen die andere entwürdigen.
Daraus folgt auch ein gleich-gültiges Denken!
Auch die Freiheit wird damit zu einer nur äußeren Möglichkeit des Menschen. Der schon erwähnte Hans-Hermann Hoppe schreibt gar von einer Zukunft der Freiheit, die er nur in der Akzeptanz der: »Prinzipien des Selbsteigentums, der ursprünglichen Aneignung, des Eigentums und des Vertrages.«[210] sieht.
Sein Menschenbild ist ein entsprechendes: »... dass es, so wie die Menschheit nun einmal ist, immer Mörder, Räuber, Diebe, Schurken und Trickbetrüger geben wird.«[211]
So münden seine Gedanken in einen permanenten Kampf gegen all jene. Da er aber die sich nicht verändernde Menschheit nicht loswird, greift er schließlich zu »spezifischen Säuberungsaktionen.« und will »... bekannte Kriminelle nicht nur aus ihrer unmittelbaren Nachbarschaft, sondern aus der Zivilisation insgesamt ausstoßen [...], in die Wildnis des Amazon-Regenwaldes, die Sahara oder die Polarregionen.«[212]
Ich will mit dieser Betrachtung einzig deutlich machen, dass es egal ist, ob ich die Rettung der Menschheit im Liberalismus, Faschismus, Sozialismus, Kapitalismus oder welchen -ismen auch immer suche, es bleibt, auch wenn es sich in so gut klingende Namen wie »Pazifismus« oder »Umweltschutz« hüllt, ob es sich »Grüne« oder »Rote« nennt, ein polares, immer einen Teil der Menschheit ausschließendes Denken. Es führt notwendig zu einem Denken in Bestimmer und Bestimmte.
Heraus komme ich aus solchem Denken nur, wenn ich jeden einzelnen Menschen als Teil der Idee Mensch und als von dieser, nicht losgelöster, sondern verbundener, individualisierter Idee verstehe.
Dann wird die Grundmaxime der Begleitung von Kindern nur die sein können, dass sie möglichst ungestört zu freien, selbstbestimmten Menschen werden können. Nicht zu Maschinen, die Wissen reproduzieren und Moral entweder befolgen oder sich an ihr rächen. So formuliert Joachim Gneist: »Ich bewundere den Mut von manchen kleinen Kindern, mehr auszuprobieren, als ihre ängstlichen Eltern ihnen zutrauen.«[213]

Rousseau wird sogar noch deutlicher: »Man darf ein Kind, wenn es gehen will, nicht zum Stillsitzen, noch, wenn es ruhig auf seinen Platz beliben will, zum Gehen zwingen. Ist der Wille der Kinder nicht durch unsere eigene Schuld verdorben, so äußern sie ihn nie unnützerweise. Sie müssen springen, laufen, schreien dürfen, sooft sie Lust dazu verspüren.«[214]
Gleiches äußert auch Steiner: »Wir schwächen den Willen eines Menschen, wenn wir ihm etwa zumuten, etwas zu lernen, etwas zu verrichten, was seinen Fähigkeiten noch nicht angemessen ist.«[215] Es ist zugleich eine Frage der Haltung gegenüber dem Kind.

Es ist für mich, zusammengefasst, in dem zu finden, was Rudolf Steiner so formuliert: »Man muss vor allen Dingen empfinden, wenn aus dem tiefen Schoße der Weltenordnung heraus uns die höchstmögliche Offenbarung, durch die gesagt wird, was die Welt ist, einem in dem Kinde entgegentritt.«[216]

Wünschen würde ich mir wenigstens, dass begriffen werden könne: das Kind ist nur physisch klein, geistig ist es mir aber überlegen.[217]

Dieses Physische aber ist zugleich die Grundlage für den Geist. Was das Kind tut, wird damit zu einer Offenbarung des Geistes und schon Jean-Jacques Rousseau erkannte: »Um eine Kunst zu üben, muss man damit anfangen, dass man sich die dazu nötigen Werkzeuge anschafft […] Um denken zu lernen, müssen wir folglich unsere Glieder, unsere Sinne, unsere Organe üben, welche die Werkzeuge unseres Verstandes sind.«[218]

Von einer solchen Haltung ausgehend, ist es dann auch nicht mehr weit zu den Worten von Khalil Gibran: »Denn ihre Seelen wohnen im Haus der Zukunft, und das bleibt euch verschlossen, selbst in euren Träumen. Ihr dürft danach streben, ihnen ähnlich zu werden, doch versucht nicht, sie euch ähnlich zu machen.«[219]

Damit kann Khalil aber unmöglich jene Zukunft meinen, die sich nur durch eine äußerlich messbare Zeit definiert. Denn wann ein Mensch stirbt, ist ungewiss. In Bezug auf unsere äußere Zeit ist es gar die Vergangenheit, die da Khalil mit seinem Haus beschreibt.

Es ist damit der verjüngte, aufstrebende Geist, zu dem ich keinen Zutritt habe. Oder mit Fichte: »Der Mensch ist nicht Erzeugnis der Sinnenwelt, und der Endzweck seines Daseins kann in derselben nicht erreicht werden. Seine Bestimmung geht über Zeit, und Raum, und alles Sinnliche hinaus.«[220]

---

208 Hans-Hermann Hoppe: *Demokratie – Der Gott der keiner ist.* Manuscriptum, 4. Auflage, 2013 – S. 444 ff; **209** Rudolf Steiner: *GA 15.* Archiati, 2012 – S. 78; **210** ebenda ▸208 – S. 424; **211** ebenda ▸208 – S. 419; **212** ebenda 208 – S. 482; **213** Joachim Gneist: *Wenn Hass und Liebe sich umarmen.* Piper, 1999 – S. 210; **214** Jean-Jacques Rousseau: *Emile.* Anaconda, 2010 – S. 116; **215** Rudolf Steiner: *GA 130* – S. 125; **216** Rudolf Steiner: *GA 305* – S. 72; **217** Werner Kuhfuß: *Grundzüge eines kulturschaffenden Kindergartens.* Kooperative Dürnau, 2. Auflage – S. 55; **218** ebenda ▸214 – S. 202; **219** Khalil Gibran: *Der Prophet.* dtv, 5. Auflage, 2003 – S. 22; **220** Johann Gottlieb Fichte: *Die Bestimmung des Menschen.* meiner, 2000 – S. 89

22. Moral und Mensch

Dürfen denn Kinder unreife Früchte pflücken oder Blumen abreißen? Es gibt auf diese Frage nur eine einzige Antwort: Ja! Denn wer soll auserwählt sein über ihr Handeln zu richten? Der Stärkere. Der Krieger, der Krieg? Dorthin führt ein solches Denken.

Oder um es mit den Worten von Lembke und Leipner zu beschreiben: »Niemand kann von Vorschulkindern ein realistisches Verständnis für ihre Umwelt erwarten.«[221]

Jedenfalls bedeutet mein Eingreifen immer ein Eigreifen in die Selbstbestimmung eines anderen Menschen. Um ein solches Eingreifen überhaupt zu rechtfertigen, müsste der andere aber mindestens zur Einsicht fähig sein. Diese Fähigkeit müssen Kinder aber erst entwickeln. Zur Einsicht kann ich nur aus mir selbst heraus kommen.

Dazu Steiner: »Wahrhaft erziehen werde ich das Kind nur, wenn ich nicht eingreife in sein Selbst, sondern abwarte, bis dieses Selbst selbst eingreifen kann. So greife ich nicht brutal ein in die Entwickelung des menschlichen Selbst.«[222]

Dafür brauchen Kinder einzig gesunde Vorbilder, nicht aber Bestimmer und Bestimmte. Und bestimmt kann ich auch schon durch meine Wertvorstellungen sein. So kann ich mich fragen, ob ich mit diesen Kindern zusammen sein will oder auch, ob es der richtige Ort für diese Kinder ist. Nicht aber habe ich Kinder zu kritisieren.

Wenn ich Erziehungskunst leben will, dann darf ich meine Moral nicht auf die Kinder richten, sondern ausschließlich auf mich selbst.

So liest sich bei Steiner: »Wir dürfen keine Reste desjenigen, was wir selber etwa der Welt als Gebote geben wollen, wir dürfen keine Reste desjenigen, was wir selber als besonders sympathisch oder antipathisch empfinden, dem werdenden Menschen auf seinen Lebensweg so mitgeben, dass wir ihn unter den Zwang unserer eigenen sittlichen Anschauungen, unserer eigenen sittlichen Impulse, unseres eigenen sittlichen Charakters stellen. Wir müssen ihn gerade in sittlicher Beziehung ganz und gar in seine eigene Freiheit stellen. Das erfordert gerade für die sittliche Erziehung eine ungeheuer weitgehende Selbstlosigkeit und Selbstentäußerung des Erziehenden und Unterrichtenden.«[223]

Dies umso mehr, wenn ich mich in einem Weltzusammenhange begreife, was auch mein Denken mit einbezieht. Dann kann ich mich beispielsweise fragen: was ist wesentlicher für diesen Weltzusammenhang? Dass die Früchte dieses Baumes reifen dürfen und dass – im wahrsten Sinne des

des Wortes – freie Menschen heranreifen dürfen? Kinder haben noch keine Moral. Oder mit Steiner: »… dass sich aus Gefallen und Missfallen ungefähr zwischen dem siebten und dem vierzehnten Jahre ein moralisches Fühlen, ein sittliches Empfinden beim Kinde entwickelt. Es ist ganz falsch, dem Kinde in diesen Jahren mit Geboten beizukommen. Da versklaven wir es entweder, oder wir machen es boshaft, halsstarrig, auflehnend gegen die Gebote. Es versteht nicht, warum es Gebote befolgen soll. Aber was die selbstverständliche Autorität richtig oder unrichtig, gut oder böse findet, das kann ihm gefallen oder missfallen, das kann es mit Sympathie oder Antipathie verfolgen lernen. Und diese Sympathie und Antipathie wird zum selbstverständlichen Inhalt der Seele.«[224]

Ich muss mir allerdings, immer wenn ich mit Kindern zusammen bin, klar darüber sein. Bis in meine Gedanken hinein muss ich ein solches Vorbild sein. Das lässt sich auch so formulieren, wie es Steiner tat: »… man glaube nicht, dass Gedanken, dass Behauptungen nicht objektive Mächte sind. Sie sind objektive, reale Mächte! Und es ist ganz unausbleiblich, dass sie ihre Wirkungen nach sich ziehen.«[225]

So bekämpfen wir an den Kindern am Ende nur uns selbst. Denn vielleicht sind sie, in mancherlei Tun, nur die nachahmende Wirklichkeit unserer eigenen Gedankenwelt.

Was ich – mit Kathrin Schuster – allein beobachten kann, also ohne alle Moralität, ist: Kinder TUN und dieses Tun ist die Tugend.

Steiner beschreibt dieses Tätigsein wie folgt: »Das Tätige, dasjenige, was den Menschen zu einem Menschen macht, der unter die anderen geht und das tut, wozu er fähig ist, das bringt in gewisser Beziehung einen solchen Menschen immer in Kollision mit anderen. Und er muss in Kollision kommen, wenn er sich zu etwas berufen glaubt. Man kann auch seine Begierden abtöten. Dadurch wird aber die Persönlichkeit farblos.«[226]

Im Grunde lassen sich alle Moralvorstellungen in einem einzigen Satz zusammenfassen: »Was man das Gute nennt, ist nicht das, was der Mensch soll, sondern das, was er will.«[227]

Wer zur Wahrheit kommen will, darf die eigene Meinung nicht achten.
Steiner

23. Steiner – Ist doch irre

Am Schluss dieses Heftes möchte ich es nicht versäumen, auf den Begriff der Geisteswissenschaft von Rudolf Steiner selbst einzugehen. Steiner

---

221 S. Gerald Lemke & Ingo Leipner: *Die Lüge der digitalen Bildung*. Redline, 2015 – S. 73; **222** Rudolf Steiner: *GA 308* – S. 74 **223** Rudolf Steiner: *GA 304* – S. 32; **224** Rudolf Steiner: *GA 297* – S. 158; **225** Rudolf Steiner: *GA 118. 2. Teil* – S. 125; **226** Rudolf Steiner: *GA 96* – S. 324; **227** Rudolf Steiner: *GA 4* – S. 233

wollte mit seiner Geisteswissenschaft nicht etwa die vorherrschenden Naturwissenschaften widerlegen, sondern erweitern: »Was die Geisteswissenschaft vor der Naturwissenschaft rechtfertigt, das ist die recht verstandene Naturwissenschaft selbst.«[228]

Ohnehin gilt, wer an diese Naturwissenschaft zur Erklärung des Lebens glaubt, der glaubt selbst an einen Gott, der Evolution oder wie auch immer heißt. Oder mit Luther: »Woran du [...] dein Herz hängst [...], das ist eigentlich dein Gott.«[229] Das liegt daran, dass die Naturwissenschaft ihre glänzenden Erfolge nur in der Technik, also im Toten feiern kann. Am Leben selbst muss sie regelmäßig scheitern.

Da die Methoden der Naturwissenschaft nur für das Erfassen des Toten, also mechanischer Prozesse taugen, muss, wer an diesen Methoden festhält, in Bezug auf das Leben zu wilden Spekulationen Ausflucht nehmen. Eine davon ist die Evolutionstheorie.

So schreiben Junker und Scherer: »Ursprungslehren kommen nicht umhin, die Grenzen der Naturwissenschaft zu überschreiten.«[230] Ich weiß nicht, ob sie Steiner gelesen haben, aber sie haben ihn bestätigt.

In der Mathematik sind diese »Grenzen« erfahrbar, so durch die Einführung der Null, im Grunde also der Einführung des Nichts. Aber auch durch die Unumgänglichkeit der Einführung unendlicher Zahlen. In der Geometrie unter anderem durch das Verschwinden der Sichtbarkeit, so der Lemniskate, wenn sie sich in zwei eiförmige Gebilde teilt.

Und auch Gauß schrieb, in einem Brief an einen Freund: »Es ist der Charakter der Mathematik der neueren Zeit (im Gegensatz gegen das Alterthum), dass durch unsere Zeichensprache und Namengebung wir einen Hebel besitzen, wodurch die verwickeltsten Argumentationen auf einen gewissen Mechanismus reduziert werden.«[231]

Ein solches mechanistisches Weltbild lehnte auch Immanuel Kant ab: »Also erfolgt daraus die Unmöglichkeit einer Erklärung meiner, als denkenden Subjekts, Beschaffenheit aus Gründen des Materialismus.«[232]

Dass dieser gar keinen festen Urgrund hat, machen Junker und Scherer sehr deutlich: »Der Naturalismus ist weder durch wissenschaftliche Daten noch wissenschaftstheoretisch oder philosophisch begründbar. Er beruht auf einer außerwissenschaftlichen Vorentscheidung und stellt folglich eine weltanschauliche Position dar.«[233]

Wird dieses nun aber von vielen Menschen, so durch die schulischen Eintrichterungen, für wahr gehalten, folgt daraus das vorherrschende Menschenbild und die massive Ablehnung des Geistigen.

Das beklagte auch Konrad Lorenz: »Der Irrglaube, dass nur das rational Erfassbare oder gar nur das wissenschaftlich Nachweisbare zum festen Wissensbesitz der Menschheit gehöre, wirkt sich verderblich aus. Er führt die »wissenschaftlich aufgeklärte« Jugend dazu, den ungeheuren Schatz von Wissen und Weisheit über Bord zu werfen, der in den Traditionen jeder alten Kultur wie in den Lehren der großen Weltreligionen enthalten ist.«[234] Dieser fehlende Geist bestimmt das vorherrschende soziale Denken.

Unzugänglich müssen einem solchen Denken Begriffe wie Schönheit und Ästhetik bleiben, so beim Anblick der Schönheit der Natur. Ich möchte deshalb diesen Betrachtungen das folgende Zitat anfügen:»Biologische Erscheinungen [...] weisen über sich selbst hinaus. Sie zeigen die Existenz einer Wirklichkeit an, die den Biologen verschlossen bleibt, wenn sie sich auf die Anwendung empirischer Methoden beschränken.«[235]

Auch Carl R. Rogers bleibt der Verlust der Menschlichkeit nicht verborgen, wenn er schreibt: »Die gewaltigen wissenschaftlichen Fortschritte des Menschen, in die Unendlichkeit des Weltalls hinein, wie auch in die Unendlichkeit subatomarer Teilchen, scheint offenbar zur totalen Zerstörung unserer Welt zu führen...«[236]

Doch Rogers findet nicht zum Geist und will nun mit den gleichen Forschungsmethoden, also mit dem gleichen Denken, diese prognostizierte Zerstörung verhindern: »... wenn wir nicht auch große Fortschritte im Verstehen und Behandeln von Spannungen zwischen Menschen und zwischen Gruppen machen.«[237]

Obwohl Rogers die Schriften von Søren Kiergegaard gelesen hat, will er nicht an den Geist heran. Er übernimmt nur dessen Begriff vom »Selbst«. Rogers verliert dabei den Geist, von dem Kiergegaard noch wie folgt schreibt: »Verzweiflung ist gerade, dass sich der Mensch nicht bewusst ist, als Geist bestimmt zu sein.«[238] Ebenso wie Kiergegaard findet auch Rogers nicht zum eigentlichen geistigen Wesenskern, zum »Ich«.

Deshalb wohl fordert wohl auch schon Eduard Schuré: »Das größte Übel unserer Zeit ist, dass in ihr Wissenschaft und Religion wie zwei feindliche und unvereinbare Mächte erscheinen.

Es ist ein umso gefährlicheres Übel, als es von den Höhen der Bildung kommt und langsam, aber sicher in alle Geister einsickert, wie ein Gift, das man mit der Luft einatmet. Und jedes intellektuelle Übel wird mit der Länge der Zeit ein Übel der Seele und weiterhin ein soziales.«[239]

Erkannt hat dies auch Hildegund Fischle-Carl: »Wissen allein schafft

---

228 Rudolf Steiner: *GA 72* – S. 337; **229** Martin Luther: *Der Große und der Kleine Katechismus.* Vandenhoeck & Ruprecht, 3. Auflage, 2003 – S. 9; **230** Reinhard Junker & Siegfried Scherer: *Evolution – Ein kritisches Lehrbuch.* Weye, 7. Auflage, 2013 – S. 5; **231** Hilbert & Cohn-Vossen: *Anschauliche Geometrie.* Springer, 2. Auflage, 1996 – S. 11; **232** Immanuel Kant: *Kritik der reinen Vernunft.* meiner, 1998 – S. 459; **233** ebenda ▶230 – S. 17; **234** Konrad Lorenz: *Die acht Todsünden der zivilisierten Menschheit.* Piper, 29. Auflage, 2002 – S. 70; **235** ebenda ▶230 – S. 155; **236** Carl R. Rogers: *Entwicklung der Persönlichkeit.* Klett Cotta, 13. Auflage, 2000 – S. 15; **237** ebenda – S. 15; **238** Søren Kiergegaard: *Die Krankheit zum Tode.* reclam, 2002 – S. 27; **239** Eduard Schuré: *Die großen Eingeweihten.* Aquamarin, 2010 – S. 7; **240** Hildegund Fischle-Carl: *Was bin ich wert?* Herder, 1986 – S. 144 ff

noch keinen Sinn [...] Im Grunde verbirgt sich hinter der Wertsuche, mit der immer auch Sinnsuche verbunden ist, ein religiöses Anliegen.«[240]
Aber auch Martin Heidegger fragt sich: »Man kann heute sogar die Vorgänge im Kopf als Gehirnströme [...] nachzeichnen. [...] Aber wo bleibt [...] bei den wissenschaftlich registrierbaren Gehirnströmen der blühende Baum? Wo bleibt die Wiese? Wo bleibt der Mensch?«[241]

24. Chaos

Bliebe noch das Argument zu betrachten, dass ein selbstgewählter Rhythmus ins Chaos führen müsse. Doch in Wahrheit hat Rhythmus nichts Chaotisches an sich. Dieses hat nur der Takt. Der Grund ist, dass er auch dann noch gleich bleibt, wenn sich die Umstände verändern. Das Leben selbst folgt einfach nur sich selbst. Es ist also grundsätzlich harmonisch.

Wenn Klaus Hurrelmann schreibt: »Jeder Zustand eines Gleichgewichtes geht unvermeidlich in den Zustand eines gestörten Gleichgewichtes über ...«[242], so vergisst er, dass dies nur dann der Fall sein kann, wo ich etwas festhalten will. Wo ich mich also wider des Lebens bewege. Im Grunde also immer auch wider meiner Idee.

Dort also, wo ich dem Leben folge, wird dieses selbst zu einem einzigen Gleichgewicht.

Oder mit Marc Aurel: »... nach dem Lauf der Natur aber geschieht nichts Schlimmes.«[243] Das Schlimme aber ist nichts anderes als eine unerfüllte, starre Erwartungshaltung, deren Nichterfüllung jenes gestörte Gleichgewicht ist. Dessen Erhaltung aber gleichartige Menschen, mit einem voraussehbaren Verhalten voraussetzen würde.

Damit kann erhellen, dass alle unsere Störungen, auch im Sozialen, im Grunde nur ein solches Festhalten wider das Leben sind.

Mit einem solchen Festhalten belügen wir uns aber permanent selbst und gegenseitig. Über dieses Lügengebäude schreiben Hildebrandt und Willemsen: »Indem sie einander belügen, werden die Menschen zu etwas anderem, als sie sind; man verkehrt schließlich nur noch mit Charaktermasken oder Gespenstern.«[244]

Der Mensch, der nicht sich selbst folgt, ist damit nicht der Mensch, den ich an meiner Seite glaube, sondern ein verbogener, verkrüppelter Rest seiner selbst. Aber auch das perfekteste Leben nach Takt kann nicht

Erkenntnis der Umgebung ist der erste Schritt der Selbsterkenntnis.
Steiner

verhindern, dass das Leben dennoch stört. Es ist also ein permanentes Ankämpfen gegen diese Störungen, ein immerfort misslingender Versuch, das Leben wieder in den Takt zurückzuzwingen. Dieses dagegen regeln ist aber nicht nur einer äußerlicher Vorgang, sondern auch ein innerer, ein mich selbst auf Funktionalität reduzierender. Es käme also darauf an, dass der Mensch wieder aus sich selbst heraus agiert, als jene agierende Idee selbst. Nicht erst dann, wenn er krank wird. Wegfallen würde dann auch, was Horst Richter wie folgt beschreibt: »Wenn einer das Spiel unserer Gesellschaft nicht mitspielt, dann muss er dafür eine Entschuldigung haben.«[245]

Was wir damit auch überwinden würden, wären die schon angesprochenen Rollen. Über diese schreibt Klaus Hurrelmann:»Wer [...] in einer Rolle aufgeht, kann keine autonome Persönlichkeitsentwicklung haben.«[246]

25. Arbeitsorte

Niemals käme ich auch nur auf die Idee, dass, wenn ich von meinem Wohnzimmer in meine Küche gehe, um Speisen zuzubereiten, davon zu sprechen, dass ich jetzt auf Arbeit gehe.
Wie kann es dann aber überhaupt Arbeitsorte geben? Könnte damit gar gemeint sein, ohne dass ich es bewusst erfasse, dass diese Orte per se keine Orte zum Leben sind?
Aber auch, wenn ich dies mir nicht bewusst mache, ein solches Denken macht etwas mit mir!
Ich tue dann nur noch das, was mir auferlegt ist, für was ich bezahlt werde. Mehr Motivationen hätte ich nicht.
Damit werden, im Gegensatz zu meiner Küche, Arbeitsorte zu keinen selbstgewählten Orten. Nicht selbstgewählten Orten aber fehlt es an Liebe. Es sind Orte, mit denen ich nicht verbunden bin.
Solche Orte sind auch vergekommene Haltestellen gleich neben perfekt gestalteten Gärten und Häusern, die Menschen ihr eigen nennen.
Erst wenn ich begreife, dass die ganze Welt mein zu Hause ist, kann sich dieses Bild verändern. Es ist dafür ausschließlich eine Veränderung meines Denkens nötig.
Eine Welt, in der Leben sein kann und nicht Taktung und Teilung.

---

[241] Martin Heidegger: *Was heißt denken?* reclam, 2015 – S. 30; [242] Klaus Hurrelmann: *Einführung in die Sozialisationstheorie.* Beltz, 8. Auflage, 2002 – S. 71; [243] Marc Aurel: *Selbstbetrachtungen.* Kröner, 12. Auflage, 1973 – S. 20; [244] Dieter Hildebrandt & Roger Willemsen: *Ehrenwort.* Fischer, 2. Auflage, 2013 – S. 24; [245] Horst E. Richter: *Die Gruppe.* rowohlt, 1972 – S. 197; [246] Klaus Hurrelmann: *Einführung in die Sozialisationstheorie.* Beltz, 8. Auflage, 2002 – S. 111

Die in diesem Text veröffentlichten Aussagen wurden mit größter Sorgfalt und nach besten Wissen vom Autor erarbeitet und geprüft. Eine Garantie kann jedoch weder vom Verlag noch vom Verfasser übernommen werden. Die Haftung des Autors und des Verlages für Personen- oder Sachschäden ist ausgeschlossen. Der Text und seine Teile sind urheberrechtlich geschützt. Jede Nutzung in anderen als den gesetzlich zugelassenen Fällen bedarf der vorherigen schriftlichen Einwilligung des Verlages.

www.selber-denken-lernen.de

Alle Rechte dieser Ausgabe:
© 2017 Eigenverlag des Seminars »Selber denken lernen«

Autor: Uwe Peter Görbing
Satz und Layout: Susn Kuchenreuther
Gedruckt in Erfurt, Deutschland
Schutzgebühr: 7 €

ISBN 978-3-00-054651-8